Birgit Jennerjahn-Hakenes & Klaus Eppele

Glücksorte in Karlsruhe

Fahr hin & werd glücklich

Dieses

Glücksbuch

ist für

Liebe Glücksuchende,

hätte das Glück eine Farbe, dann wäre es Grün. „Hilfe, wir haben zu viel Grün!", kristallisierte sich bei der Arbeit an Karlsruher Glücksorten schnell heraus. Auf keinen Fall wollten wir die Menschen einfarbig langweilen, denn wenn Karlsruhe eines nicht ist, dann das: langweilig. Als sei die Stadt ein vierblättriges Kleeblatt, findet sich das Glück in allen vier Himmelsrichtungen. Im Süden erinnert ein Brunnen an den wilden Westen, im Norden fliegen schlechte Gedanken einfach davon – egal, ob man in der Steppe spazieren geht oder unter der Methusalemeiche sitzt –, im Osten funktioniert der Aufbau und das Glück reicht bis in die Bergdörfer hinein, im Westen gibt es immer Frisches, das man beim Picknick am Rhein genießen kann. Doch das ist nur die halbe Wahrheit, denn es gibt noch das grüne Herz der Stadt – den botanischen Garten – und die Stadtteile, die Wohlfühlen ebenfalls grün schreiben. Sei es der Kulturwanderpfad in Stupferich, die Pappelreihe in Hohenwettersbach oder die vielen Seen. Kein Wunder, dass die Partei „Die Grünen" sich im Karlsruher Kongresszentrum gründete.
In Karlsruhe wird ein Klotz zum Berg – Mount Klotz –, ein Ausflug zum Kleinen Bodensee bedeutet r(h)eines Vergnügen, Strandfeeling gibt es mitten in der Innenstadt und den Jakobsweg an der Alb.
Der Markgraf von Baden-Durlach sah nicht rot, sondern Grün im Übermaß, bevor er bei einem Jagdausritt im Hardtwald einnickte.
Die Auswahl in diesem Buch ist subjektiv, vor allem aber transportiert sie das, was die Farbe Grün für sich beansprucht: Hoffnung.
Hoffnung auf das kleine Glück, Hoffnung auf das große Glück.
Wer suchet, der findet. Karl jedenfalls fand seine Ruhe.
Viel Glück wünschen

Birgit Jennerjahn-Hakenes & Klaus Eppele

GLÜCK

Deine Glücksorte ...

… noch mehr Glück für dich

Das Leben ist ein Ponyhof

1

Zoologischer Stadtgarten

Tiere schauen, bunte Blumenbeete bestaunen oder Boot fahren? Fragt man Kinder, was sie am zoologischen Stadtgarten am schönsten finden, hört man nicht selten: „Den Spielplatz!“ Um dorthin zu gelangen, muss man erst einmal die Kinderautobahn überqueren. So, wie es den ersten Schritt gibt, das Sprechen- und das Radfahrenlernen, so gibt es den Tag, an dem ein Kind hier das erste Mal alleine Auto fahren darf. Es ist wirklich ein ganz besonderer Moment, wenn ein Dreijähriger im schnittigen Sportwagen sitzt oder eine Vierjährige in einer edlen Limousine zum Abschied winkt. Und dann fahren sie den Eltern davon, biegen um die Kurve und sind nicht mehr gesehen. Das Einbahnstraßenschild auf der Strecke können sie zwar noch nicht lesen, aber so sind ja auch die Kinder: Sie kennen keinen Gegenverkehr, wenn es darum geht, die Welt kennenzulernen. Und da die Autos auf Schienen fahren, gibt es auch kein Überholen, eilig hat es hier niemand. Zu schön ist die Fahrt, als dass sie überhaupt enden sollte. Einzig die Mamas und Papas warten mitunter nervös auf die Rückkehr der Kleinen, die sich hier nur zu gerne vom Rockzipfel entfernen, an dem sie sonst so hängen. Ein Tag hier im Zoo mit der Familie ist wie Urlaub. Auf Küstenlandschaften mit Felsklippen kann man Seelöwen, Seehunde und Pinguine beobachten, die Eisbärenanlage befindet sich in der Tundralandschaft. Es gibt die Afrikasavanne, die Bergwelt Himalaya und eine Australienanlage, zu sehen sind Giraffen, Schneeleoparden und Kängurus. Man kann gar nicht alle Tiere nennen, aber dass Rosalinde hier wohnte, der Papagei aus dem Pippi-Langstrumpf-Film, sollte man schon wissen. Wer es weniger frech mag, genießt im Exotenhaus die Seychellen-Riesenschildkröten oder schaut im Streichelzoo vorbei.
Und wenn am Ende eines langen Zootages die Kinder müde und glücklich nach Hause wollen, kann es sein, dass Mama und Papa zum Abschluss auch einmal Kinderautobahn fahren möchten. Möglich ist das, aber ob die Kinder das wollen?

TIPP
Perspektivwechsel bei einer Gondoletta-Rundfahrt über den Stadtgarten- und Schwanensee.

- Zoologischer Stadtgarten, Ettlinger Straße 6, 76137 Karlsruhe-Südweststadt
- ÖPNV: Stadtbahn S1, S7, S8, S11, S52, Straßenbahn 2, U-Bahn-Haltestelle Kongresszentrum

Kurzweilige Länge

2 Glücksweg Kulturwanderpfad Stupferich

Der Weg ist das Ziel. Jeder weiß das. Und wenn das Glück das Ziel sein soll, ist der Kulturwanderpfad Stupferich ein hervorragend geeigneter Weg dafür. Man kann ihn zu Fuß gehen oder auf dem Rad erfahren, an manchen Stellen begegnen einem auch schon mal Segwayfahrer.
Der Kulturwanderpfad ist ein Rundweg über 10 Kilometer, er ist mit 14 Informationstafeln bestückt, die hie und da aus dem Boden ragen, um dem Wanderer Wissen zu vermitteln. Wissen über Historisches wie die Ochsenstraße, deren Geschichte in die Römerzeit zurückgeht, Wissenswertes über die Wasserversorgung, die Lebensbäume oder die Landwirtschaft. Vierzehnmal hat man die Möglichkeit, stehen zu bleiben und sich Heimatwissen zu erlesen. Das dehnt diese 10 Kilometer in eine kurzweilige Länge. Auffallend viele Bänke bieten sich zum Verweilen an, auffallend viele Nistkästen laden unterschiedlichste Vögel zum Bleiben ein. Mit ihrem Gesang empfangen und begleiten sie einen auf dem ganzen Weg.
Man kann auf dem Vogellehrpfad wandeln, der auf zwölf Tafeln einheimische Vögel anzeigt, darunter natürlich den Kleiber, die Amsel, die Drossel und die Meise – Blau- wie Kohlmeise –, alle singen sie so herrlich. Man lauscht, läuft und schweigt seine Gedanken in die Umwelt: „Die Gedanken sind frei! Wer kann sie erraten?/Sie fliegen vorbei wie nächtliche Schatten./Kein Mensch kann sie wissen, kein Jäger erschießen/mit Pulver und Blei: die Gedanken sind frei“ – liest man auf einer Tafel.
Wenn man bei Tafel 1 startet, begegnet einem ungefähr auf der Hälfte des Weges eine Zwillings- oder Spiegelbank. Ganz frei in seinen Gedanken kann man sich selbst gegenübersitzen. Oder man wählt die Bank mit Lindenblick, das lindert vielleicht so manche Sorgen, die man sonst im Blick hat. Schließlich finden Lindenblüten in der Heilkunde ihre Anwendung. Beruhigend sollen sie obendrein wirken. Entzückend ist jedenfalls der Kulturwanderpfad Stupferich, der anlässlich des 300. Stadtgeburtstages von Karlsruhe ins Leben gerufen wurde.

- Stupfericher Kulturwanderpfad, Karlsruhe-Stupferich
- ÖPNV: Bus 23, Haltestelle Thomashof (Einstieg dann an Infotafel Nummer 8)

ZKM? Und ob!

3 Das Zentrum für Kunst und Medien Karlsruhe

Zentrum. Damit verbindet man einen Mittelpunkt. Das ZKM – das Zentrum für Kunst und Medien Karlsruhe – steht zwar geografisch nicht im Mittelpunkt der Stadt, dafür aber im Mittelpunkt, wenn es um Einzigartiges geht. Im Ranking kommt es gleich nach den großen Häusern in New York, wo man es – dank Exporten – kennt und darüber spricht. Vielleicht sogar öfter als hierzulande. Gründungsdirektor Professor Heinrich Klotz nannte es das „Elektronische Bauhaus", Professor Peter Weibel, der das ZKM bis April 2023 leitet, nennt es das „Mekka der Medienkünste" und bringt es damit auf den Punkt. Also am besten mal vorbei- statt ferngeschaut! Auch wenn nicht verheimlicht werden soll, ein Blick bei Dunkelheit aus einer gewissen Ferne lohnt sich besonders. Blaues Licht glitzert und zieht einen in seinen Bann.
Lichte Momente erlebt man, wenn man den denkmalgeschützten riesigen Industriebau, in dem einst eine Munitionsfabrik war, betritt. Glücklicherweise wurde der Bau, der vor Eröffnung des ZKM 20 Jahre ungenutzt blieb, nicht abgerissen. Heute geht es hier um die Zukunft, an der das ZKM mitarbeiten möchte. Neue Medien ist so ein Leitwort. Längst gehören sie zum Alltag und wir empfinden sie nicht mehr als neu. Eher als etwas mit vielen Möglichkeiten – und so ist auch das ZKM. Es ist nicht nur Museum, nicht nur Forschungsinstitut, nicht nur Schnittstelle von Kunst und Wissenschaft, nicht nur ein Dach über dem Kopf der Medientechnologie, nein, es ist alles auf einmal! Weshalb der erste Besuch den Wunsch nach einem zweiten und dritten nach sich zieht. Förderung, Gegenwartskunst, Experimente, offenes Haus, aktive Teilnahme – das sind Schlagworte, die man mit dem ZKM verbindet. Ob man das Medienmuseum dem Museum für Neue Kunst vorzieht, ob man am liebsten zu den ARD-Hörspieltagen vorbeischaut oder ob man erst mal nur den Nachtblaublick aus einer gewissen Distanz genießt, ist egal. Hier gibt es so viele Obs, da beantwortet sich die Frage, ob sich ein Besuch hier lohnt, von selbst: und ob!

● ZKM, Zentrum für Kunst und Medien Karlsruhe, Lorenzstraße 19, 76135 Karlsruhe-Südweststadt, Tel. (07 21) 81 00-0, www.zkm.de
● ÖPNV: Straßenbahn 2, Haltestelle ZKM

Glücksklänge im Akkord

4

Gut beraten in der Zupfgeige

Fragt man den Duden nach dem Wort Zupfgeige, so liest man unter Gebrauch: volkstümlich veraltet. Zupfgeige ist eher scherzhaft gemeint – und wer kennt ihn nicht, den Zupfgeigenhansl? Verächtlich bezeichnete man die Gitarre früher als Volksinstrument, während die Geige den Vornehmen vorbehalten war. Bedauernswerte Herrschaften kann man da nur sagen, wenn man sich überlegt, welche Lieder einen glücklich machen. Schnell merkt man, wie oft die Gitarre und der „Zupfer" ihre Finger im Spiel haben. Es ist egal, ob man zu Reinhard Meys „Über den Wolken" Glücksmomente erlebt oder es eher der Riffs eines Keith Richards bedarf. Man denke nur an den Anfangsakkord von „Angie", der mit Sicherheit bei vielen ein Glücksgefühl auslöst. Mögen die Musikstile auch noch so verschieden sein, eines haben Mey und Richards gemeinsam: Sie brauchen eine Gitarre. Und würden sie in Karlsruhe leben, würden sie sich bestimmt in der Zupfgeige beraten lassen. Schon lange führt der gelernte Gitarrenbauer Matthias Adler den Laden, der mehr als 500 Gitarren beherbergt. Mehr als 25.000 Gitarren gingen durch seine Hände. „Vom Rolls-Royce bis zur letzten Schrottkiste", wie er selbst sagt. Als Bonbon gibt es die hauseigene Gitarren-Werkstatt, hier wird auch repariert, was hauptsächlich ideellen Wert hat, denn Wertschätzung und Fachkenntnisse sind hier nicht nur Begriffe, Herr Adler und sein Team haben sie begriffen. Oder wie sagte es Karl Valentin: „Mein Vater hat mir eine Gitarre geschenkt, da war keine einzige Saite darauf, aber er hat gesagt – zum Üben ist die gut genug."

TIPP

Hier kann man Gitarren ausprobieren wie andernorts den Wein.

Adlers privates Schmuckstück ist eine Gitarre aus dem Jahre 1840. Es ist genau diese Haltbarkeit, die eine Gitarre abgrenzt von modernen Spielzeugen wie I-Pads, für die wir nur allzu schnell bereit sind, Geld hinzublättern. Das Sortiment der Zupfgeige besteht aus Kindergitarren, Konzertgitarren, Meistergitarren, Flamencogitarren, Westerngitarren, Jazzgitarren, Reisegitarren, Bässen und Ukulelen. Hier finden Anfänger und Meister gleichermaßen ihr Glück.

- Die Zupfgeige, Adlerstraße 39, 76133 Karlsruhe Innenstadt
www.zupfgeige.com
- ÖPNV: Straßenbahn 3, 4, 5, Haltestelle Rüppurrer Tor

Faith

Recht besinnlich

5 Leise und laute(r) Plätze der Grundrechte

Karlsruhe ist die Hauptstadt des Rechts. Das klingt recht laut. Dass man sich auch leise laute(r) Gedanken machen kann, beweist ein Kunstwerk von Jochen Gerz.

Wer es laut mag, sieht sich die Straßenschilder mit Aussagen zum Thema Recht am sogenannten Platz der Grundrechte an. Hier stehen sie dicht an dicht, wie ein Fahnenmeer, drehen sich aber nicht im Wind. Man ist selbst aufgerufen, sich beiden Seiten zu widmen. Auf der einen Seite stehen Aussagen von Juristen und Wissenschaftlern, auf der anderen die von Menschen, die das Recht nicht studiert haben, ja möglicherweise sogar in Konflikt mit ihm gerieten. Es ist jedem selbst überlassen, welche Seite man als Vorder-, welche man als Rückseite betrachtet. „Die beiden Seiten könnten sich nicht näher sein, doch zweifellos sprechen sie Rücken an Rücken", so der Künstler selbst.

Wer es noch lauter mag, sieht sich eines der Schilder an, die einzeln in der Stadt verteilt sind. Man findet eines zum Beispiel an der Straßenbahnhaltestelle am Vorplatz des Hauptbahnhofs. Und ganz im Sinne des Wortes Haltestelle ist man aufgefordert, anzuhalten, zu lesen, nachzudenken. Vielleicht mag man auch diskutieren, zum Beispiel mit dem Sitznachbarn in der Bahn, dem das Schild ebenfalls aufgefallen ist. Mit seinen Mitmenschen ins Gespräch kommen macht mitunter glücklich.

TIPP
In der Adventzeit an 24 Tagen die dezentralen Schilder aufsuchen.

Wer es aber leise und für sich mag, findet im Hardtwald ein weiteres Exemplar. Felix Fischborn wählte den Standort deshalb, weil der Wald den Raum gibt, über das Schild und seinen Inhalt nachzudenken. Aber wo auch immer – man liest Worte und denkt leise Geschichten, man denkt laut und erlebt lichte Momente. Und das nicht nur, weil beleuchtetes Kopfsteinpflaster oder Lichter an den Sitzbänken das Kunstwerk zwischen Zirkel und Schlossplatz anstrahlen.

48 Schilder gibt es. 24 davon stehen am Platz der Grundrechte, 24 befinden sich in der ganzen Stadt verstreut. Besonders sind Letztere auch deshalb, weil die Einwohner selbst die Einzelorte aussuchten.

● Platz der Grundrechte, zwischen Zirkel und Schlossplatz, 76131 Karlsruhe Innenstadt
● ÖPNV: Stadtbahn S1, S2, S5, S11, S51, Straßenbahn 1, U-Bahn-Haltestelle Marktplatz

SETZE NICHT DEINE LIEBE
AUFS SPIEL. ES GIBT DIN
GE, DIE MAN NICHT REPA
RIEREN KANN. DIE GESET
ZE SCHUTZEN DIE ANDER
EN VOR MIR UND MICH VO
R MIR SELBST. ICH WARE
SCHLIMM OHNE DIE GESE
TZE. NUR IN DER FREIHEI
T IST MAN GEBORGEN. HA
T MAN DIE LEUTE UM SIC
H, DIE MAN LIEBT UND IS
T KEIN TIGER HINTER GIT
TERN. OHNE DIE FREIHEIT
WIRD ALLES SCHLIMMER.

Wohlige Wärme

6

Kurzurlaub im Vierordtbad

Nackte Körper bewundern wir schon mal auf den Gemälden berühmter Maler wie Rubens, Dürer oder Leonardo da Vinci. Umdrehen würden wir den Spieß aber nicht und nackt in ein Museum gehen. Nackt ist man in der Sauna. Für einen Saunatag nimmt man sich Zeit. Auch die Kunst möchte, dass man sich Zeit nimmt. Und sie verlangt nach Ruhe. Im Karlsruher Vierordtbad gibt es die einzigartige Kombination aus beidem. Dabei geht es aber nicht darum, Zeit zu sparen, von der man heute trotz immer gleichbleibendem Tag-Nacht-Rhythmus von 24 Stunden anscheinend nie genug hat. Vielmehr geht es um ein Sahnehäubchen – ein kalorienfreies versteht sich. Farbenfrohe Malerei trägt in dunklen Jahreszeiten zu erhellenden Gedanken bei. Die Kunstwerke, die hier im historischen Bad eine sehr besondere Kulisse bekommen, werden halbjährlich gewechselt, sodass auch Dauerkarteninhaber keine Langeweile bekommen, wenn sie lange weilen im Bad.

Wem das zu ruhig ist, der begibt sich natürlich ins Bewegungs- oder Vitalisbecken mit Sprudelliegen, Brodelbuchten, romantischer Wasserbeleuchtung und Unterwassermusik. Erfrischt genießt man danach die Saunalandschaft. Apropos: Es gab sie auch schon, die Unterwasser-Musik-Nacht „Hip-Hop meets Jazz", denn Sauna, das ist was für jedes Alter. Besonders wohl tut die Farblichtsauna im Innenhof, wenn die Tage trüb und neblig sind. Wer es sehr heiß mag, geht in die finnische Sauna, man kann aber auch bei niedrigeren Temperaturen im Majolika-Dampfbad sitzen und die kunstvolle Statue der griechischen Göttin für Gesundheit, Hygieia, bewundern. Damit man nicht nur den Sehsinn bedient, gibt es Duftaufgüsse; für das Fühlen Eiswürfel-, Salz- und Honigaufgüsse – und wer da hungrig wird, der verwöhnt sich mit hausgemachten regionalen Spezialitäten aus der Vitalküche. Und wenn man sich zum Abschluss den Infernoaufguss gönnt, bei dem der Ofen noch mal so richtig zischt, spätestens dann hat man alle Sinne bedient und geht rundum glücklich nach Hause.

TIPP

Selbst ausstellen in der Therme Vierordtbad, Kontakt über Raphael.Becker@KA-Baeder.de.

- Therme Vierordtbad, Ettlinger Straße 4, 76137 Karlsruhe-Südweststadt, Tel. (07 21) 1 33 52-01, www.ka-vierordtbad.de
- ÖPNV: Stadtbahn S1, S7, S8, S11, S52, Straßenbahn 2, U-Bahn-Haltestelle Kongresszentrum

Gut unterrichtet

7 Badisches Schulmuseum

Man kann sich in einem Museum via Einhandhörer von einer monotonen Stimme einlullen oder sich im Badischen Schulmuseum von Trudel Zimmermann in eine andere Zeit mitreißen lassen. Plötzlich sieht man die Schüler von einst hier sitzen, sieht sie auf Schiefertafeln Buchstaben malen in einer Schönschrift, die nur die eigene Hand hinbekommt. Wenn Frau Zimmermann die Tafel rauf- und runterkurbelt ist man nicht mehr im Hier und Heute, nein, man sitzt an einer alten Schulbank und hört das Holz im Kamin knistern, das den Raum wärmt. Selbst darf man versuchen, mit dem Milchgriffel seinen Namen in altdeutscher Schrift zu schreiben.

Bemerkenswert ist die „Palmbacher Märchenwelt", ein Wandgemälde von Hans Fischer-Schuppach aus dem Jahre 1929, das erst beim Einzug ins Museum 2014 entdeckt wurde. Der Maler hat hier die Schüler der dritten bis achten Klassen verewigt, aber nicht etwa eins zu eins abgebildet, sondern zu Rotkäppchen, Schneewittchen, Ritter Blaubart und anderen Märchenfiguren werden lassen. Fantasie ist gefragt, wenn man vor dem Gemälde steht. Trudel Zimmermann hat sie, denn sie kann nicht nur alte Schrift, sondern auch Bilder lesen!

TIPP

Nicht weit weg kann man das Waldenserdenkmal „Tor des Ankommens" bewundern.

Und auch wie ein Lehrer im 19. Jahrhundert gelebt hat, kann man hier sehen: Bett, Schrank, Kochstelle, Schreibtisch – alles ist vorhanden in der Waldenserschule, die einst mit Sandsteinen aus dem Palmbacher Steinbruch Raviol gebaut wurde und heute unter Denkmalschutz steht. Als lebte sie selbst in dem Zimmer, erzählt Trudel Zimmermann von den Gepflogenheiten von einst. Man darf begutachten, was damals Mode war, und wer es noch nicht wusste, dem verrät sie, woher der Ausspruch „etwas auf die hohe Kante legen" kommt.

Nach dem Besuch hat man vielleicht mehr gelernt als in einem Schuljahr, weil man so gerne zuhört, wenn Trudel Zimmermann erzählt. Mit ihr als Lehrerin hätten die Schüler damals sicher erfüllende Schulstunden erfahren und glücklicherweise kann man sie seit 2011 in der Rolle der historischen Lehrerin bewundern.

- Waldenserschule, Henri-Arnaud-Straße 7, 76228 Karlsruhe-Palmbach
  www.badisches-schulmuseum.de
- ÖPNV: Bus 47, Haltestelle Palmbach Kirche

Wunderschöne Dachterrasse

8

Hoch oben im Wildschweingehege

„Schön habt ihr es hier", möchte man sagen. Große Zimmer, das Bad mit riesigem Fenster und statt Wanne einen großräumigen Tümpel. Es gibt Erde zum Wühlen, Wasser zum Kühlen, Stockenten leisten Gesellschaft – im Großen und Ganzen sieht das nach einem glücklichen Zusammenleben aus. Vor allem der Wohnraum macht neidisch ob seiner Großflächigkeit. Wildschweine haben ihr eigenes Benehmen. Wenn es schmeckt, wird geschmatzt; wenn etwas nicht passt, wird laut getönt. Gerne suhlen sie sich genüsslich im Dreck, ob das eine Art Ganzkörperschlammpackung ist, die dem Fell guttut? Sie schauen einen so nett an, am liebsten möchte man trotz ihrer Wühlerei mit ihnen kuscheln. Aber das würden sie wohl nicht tun, sie sind eher scheue Tiere und flüchten vor uns Menschen. Die aber kommen gerne hier rauf, oft Eltern mit Kindern, um ihnen den höchsten Punkt Karlsruhes zu zeigen, der befindet sich nämlich mitten im Wildschweingehege. Sage und schreibe 323,2 Meter über dem Meeresspiegel liegt er.

TIPP

Wanderwege gibt es hier wunderschöne, zum Beispiel zum Wattkopf Ettlingen.

Der Weg hierher führt allerdings an einem Waldspielplatz nahe dem Fernmeldeturm vorbei: Es kann also mit Kindern länger dauern, bis man den höchsten Punkt erreicht. Und da dieser auch noch mitten im Gehege ist, kommt man ohnehin nicht ganz zum Ziel. Doch glückliches Kinderlachen auf der Schaukel und staunende Kinderaugen beim Blick auf diesen hohen Turm – da will man gar nicht mehr. Doch? Zu den Wildschweinen, weil man als Erwachsener dieses Ziel anvisiert hatte? Kinder, Kinder! Aber zum Glück können die Wildschweine recht laut rufen, das klingt auch ganz wild. Damit lassen sich die Kinder bestimmt locken. Wenn man Glück hat, gibt es Frischlinge zu sehen. Aber man muss genau hinschauen, sie sind getarnt durch die gelb-braunen Streifen.

So ein Wildschwein, das liegt gerne mal nur rum und genießt, ohne gleich von Meditation zu sprechen. Wer sich nicht von dieser scheinbaren Trägheit anstecken lassen will, der bewältigt dann eben den Waldsportpfad, der das Gehege umgibt.

- Wildschweingehege, Pfeilerweg, 76228 Karlsruhe-Grünwettersbach
- ÖPNV: Bus 27, 47, Haltestelle Grünwettersbach Rathaus

Gläsern schmeckt besser

9 Bäckerei Schmidt

Der gläserne Mensch. Das wollen wir nicht. Dass man in uns hineinschauen kann. Aber anderen bei der Arbeit auf die Finger schauen, sehr gerne. Vor allem, wenn es um die für den Süddeutschen lebenswichtige Brezel geht. Diese Teigware, frisch vom Bäcker, das ist dem Karlsruher so wichtig wie dem Kölner das Kölsch. Bäckermeister Thomas Schmidt zitiert sogar Goethes Faust in diesem Zusammenhang: „Was du ererbt von deinen Vätern hast, erwirb es, um es zu besitzen! Was man nicht nützt, ist eine schwere Last", denn er hat erkannt, dass ein Brezelrezept allein nicht ausreicht, um eine gute Brezel zu backen. Auf das Handwerk kommt es an!

Brezeln kann man fast überall in Karlsruhe kaufen, aber nur in der Bäckerei Schmidt kann man sehen, wie sie hergestellt wird. Transparenz wird hier eins zu eins umgesetzt und belohnt. Der Andrang ist groß, werden hier doch alle Sinne bedient. In einer Bäckerei von einem Duft empfangen zu werden, der Lust macht auf Teigwaren aller Art, ist nichts Neues. Neues bietet dem Kunden die Bäckerei Schmidt, indem sie sich bei allen Arbeitsschritten auf die Finger schauen lässt. Nicht einmal betreten muss man den Laden, um hinter die Kulissen zu sehen. Direkt vom Gehweg aus sieht man sie: Öfen, in denen Streuselkuchen backen, Maschinen, die den Teig rühren, der in seiner Masse für Menschenhände zu viel wäre, Menschen, die frisch gebackene Brote und Brötchen ins Regal sortieren. Der Kunde erhält nachhaltige Backwaren, die vor seinen Augen entstehen. Über diese Besonderheit hinaus ist die Bäckerei Schmidt Deutschlands erste integrative Bäckerei. Hier arbeiten Menschen mit einem Handicap zusammen mit anderen und ziehen an einem Strang. Hier einzukaufen, gibt einem ein gutes Gefühl, das nur zu steigern ist durch den Biss in frisches Gebäck, manchmal noch warm in der Hand, in jedem Fall herzwärmend ob so guter Zutaten!

● Bäckerei Schmidt, Ritterstraße 7, 76133 Karlsruhe Innenstadt, Tel. (07 21) 66 99 29 00, www.baeckerei-schmidt-karlsruhe.de
● ÖPNV: Stadtbahn S1, S2, S5, S11, S51, Straßenbahn 1, U-Bahn-Haltestelle Marktplatz

DIE BÄCKEREI SCHMIDT
"MEHRWERTBREZEL"

Besinnlichkeit und Erholung

10 Großherzogliche Grabkapelle

Ein Ruheraum im Freien, der durch seine Umgebung für Atmosphäre zum Durchatmen sorgt, den gibt es in der Lärchenallee im Hardtwald. Dort steht die Großherzogliche Grabkapelle. Nimmt man hier auf einer Bank Platz und lässt den Gedanken Raum, fühlt man sich im eigenen Leben verortet. Man schaut auf zu dem wunderschönen Gebäude in erdig-lebendiger Farbe, das aus diesem Waldstück herausragt wie eine einzelne Mohnblume aus einer sonst grünen Wiese. Der hohe Vierungsturm dient der Fernsicht, doch schon wenn man dem Bau zu Füßen sitzt, erlebt man eine Art Weitblick. Automatisch empfindet man eine Leichtigkeit und geht schließlich hinein in die Kapelle. Dort liest man in den Terrazzoboden eingelassene Bibelzitate oder bestaunt wahre Kunst in den Grabdenkmälern. Kenotaphe aus weißem Marmor für Ludwig Wilhelm und seine Eltern, die der Karlsruher Bildhauer Hermann Volz geschaffen hat. Die Erinnerung steht genauso im Vordergrund wie die Ehrung der Verstorbenen – sie allerdings geben einem das Gefühl, sie würden mit einem zu gerne die Gedanken von eben diskutieren, würde man sie nur ansprechen, so echt, ja so lebendig wirken sie. Als wollten sie sagen: Der verlässliche Eintritt des Glücks mag ungewiss sein, aber wenn man aus Angst die Tür zuhält, so lässt man das Leben nicht hinein.

TIPP
Die Sonderführung mit Besuch der Gruft als Höhepunkt.

Aus der Luft betrachtet sieht man die Kapelle mittig umrahmt von Bäumen, deren Grün einen an die Hoffnung erinnert. Und so war es einst die Hoffnung von Großherzog Friedrich I. und seiner Gemahlin Luise, die ihren Sohn Ludwig Wilhelm 1888 im Alter von nur 23 Jahren verloren, hier in Ruhe trauern zu können, was ihnen in der eigentlichen Familiengrabstätte in der evangelischen Stadtkirche nicht möglich gewesen war. Ob sie an die Möglichkeit gedacht haben, dass hier später Menschen sitzen, eine Spazierpause einlegen oder das Rad kurz beiseitestellen würden, um das zu tun, was glücklich macht: auf einer Bank sitzen und den Gedanken nachhängen?

- Großherzogliche Grabkapelle, Im Fasanengarten, 76131 Karlsruhe-Oststadt (Zugang über den Klosterweg), www.grabkapelle-karlsruhe.de
- ÖPNV: Stadtbahn S1, S2, S5, S11, S51, Straßenbahn 1, U-Bahn-Haltestelle Marktplatz (von dort zu Fuß zum Schloss über die Lärchenallee direkt zur Grabkapelle)

Verweilen statt eilen

11 Das Karlsruher Bähnle im Schlossgarten

Einheimische nennen sie „das Bähnle", was durchaus schwäbisch klingt, gemeint ist aber tatsächlich die Karlsruher Schlossgartenbahn. Sie wurde Ende der Sechzigerjahre als Einmaligkeit für die Bundesgartenschau ins Leben gerufen, und weil sie tatsächlich so einmalig ist, fährt sie auch heute noch – immer von Karfreitag bis Allerheiligen. Die rote Lok, der vier Waggons in Rot und Grün anhängen, hebt sich ab vom Schlossgartengrün. Zusteigen kann man am eigens für sie gestalteten Bahnhof hinter dem botanischen Garten. Keiner schleppt hier schweres Gepäck mit sich, keiner muss zum Zug eilen, hier ist Verweilen angesagt – für eine kleine Weile im Hier und Jetzt leben. Genießen. Wochentags fährt eine Diesellok, an Wochenenden und Feiertagen die Dampflok Greif. Da der Fahrkartenpreis erschwinglich ist, kann man sich auch einen Dampfzuschlag leisten. Nicht nur die Kinder staunen, wenn die Lok unterwegs Dampf ablässt. Rhythmisch schnaufend bewegt sich die Bahn auf ihrer ungefähr zweieinhalb Kilometer langen Strecke über das Gelände des Schlossgartens und kommt an einem der schöneren Karlsruher Spielplätze vorbei. Immer unterbrechen einige ihr Spiel, springen von der Schaukel oder lassen die Sandburg unbeaufsichtigt, um den Reisenden zu winken. Das Bähnle fährt auch durch urwaldähnliches Gefilde und durch Schrebergärten. Pfeifend macht es auf sich aufmerksam und lässt dabei schon einmal küssende Liebespaare hochschrecken, die es sich auf der Liegewiese bequem gemacht haben. Als Fahrgast schaut man dem Treiben zu und ruht in sich selbst. Gerne hängt man die Nase in den Fahrtwind, der bei geringer Geschwindigkeit in den warmen Monaten als ein angenehmes Wangenstreicheln empfunden wird. Die Seele baumelt wie die Blätter an den Bäumen. Erst wenn man den Kult-Schaffner Markus Möhnert, der bei der Abfahrt vor Indianern, Banditen und Räubern gewarnt hat, „Bitte Vorsicht an der Bahnsteigkante – Endstation" brüllen hört, weiß man, dass der Ausstieg vom Ausstieg leider naht.

TIPP

Buchtipp: Die Schlossgartenbahn in Karlsruhe. Ein quicklebendiges Relikt der Bundesgartenschau 1967.

- Schlossgartenbahn, Schlossbezirk 3, 76131 Karlsruhe Innenstadt
- ÖPNV: Stadtbahn S1, S2, S5, S11, S51, Straßenbahn 1, U-Bahn-Haltestelle Marktplatz (auch andere Haltestellen in Schlossnähe)

Viel Kultur – ein Weg

12

Das KOHI

Kultur. Man geht ins Museum, auf ein Konzert, besucht eine Lesung oder verabredet sich für einen Kinoabend. Viele Wege sind das. Das KOHI, in der Nähe des stadtbekannten Indianerbrunnens auf dem Werderplatz in der Südstadt, vereint alles – und genau das ist Sinn und Zweck des Vereins, dessen Programm die Mitglieder natürlich selbst gestalten. Ist es in einem Museum bisweilen stillkalt, die Atmosphäre auf einer Lesung manchmal steif, so hat man hier das Gefühl, zu Hause zu sitzen. Das, was einem provisorisch erscheint – Klappstühle und Bierbänke –, macht das KOHI aus. Und wenn man sich an die besten Partys erinnert, die man gefeiert hat, so sind es die auf Bierbänken und Klappstühlen. Im KOHI erlebt man sie wieder: diese Partys mit Wohlfühlcharakter, als sei man im eigenen Zuhause. Manchmal sitzen die Leute dicht gedrängt nebeneinander, trinken ein Feierabendbier, hören beim monatlichen Poetry Slam zu oder tanzen beim SongSlam mit – oder sie kommen vorbei, um abzuschalten oder vielleicht sogar selbst mitzumachen. Mit – das ist auch das programmatische Wörtchen, das den Verein charakterisiert. Das KOHI bietet eine Plattform für Künstler und Kulturschaffende und hat ein breites Angebot, von und für jedermann und jedefrau. Ehrenamtliche organisieren von Herzen, was dann im Herzen der Südstadt zur Geltung kommt!

TIPP

Seite wechseln vom Zuschauer zum Vorträger – hier ist es möglich!

Das KOHI hat sogar eine hauseigene Radiosendung, die jeden ersten Sonntag im Monat über Querfunk (104,8) zu hören ist. Jeden ersten Montag gibt es in Zusammenarbeit mit der Literarischen Gesellschaft und der Stephanusbuchhandlung die Lesung Süd. Und was kostet das? Nicht viel. Man kann zum Beispiel eine Testmitgliedschaft für nur 7 Euro erwerben und eine Woche lang Veranstaltungen besuchen. Eine Mitgliedschaft kostet im Monat zwischen 10 und 20 Euro. Also weniger als ein Kinoabend. Und im KOHI man kann mit Freunden noch bei einem Bier den Abend ausklingen lassen.

- KOHI Kulturraum e. V., Werderstraße 47, 76137 Karlsruhe-Südstadt
  www.kohi.de
- ÖPNV: Straßenbahn 3, Haltestelle Werderstraße

Bedenkenlos nackt

13

Der Denker

Eher unvermutet findet man einen kleinen Glücksort auf dem Gelände des Karlsruher Instituts für Technologie (KIT). Nackt zeigt sich dort die Bronzeskulptur des Denkers inmitten der Grünanlage, das Gesicht in den Händen verborgen. Als wolle er sagen: „Ihr könnt mich entkleiden, aber meine Gedanken werdet ihr nicht sehen." Was sah der erschaffende Bildhauer Karl-Heinz Krause selbst in ihm? Als Künstler weiß man, dass man das Denken dem Betrachter überlässt, wenn man sein Werk der Öffentlichkeit zur Verfügung stellt.

Der Denker – auch eines der Hauptwerke des Bildhauers Auguste Rodin – sinnt über das Tun und das Schicksal der Menschen nach. Denken an sich, das tun wir alle. Auch wenn man es manchmal abstellen und bedenkenlos in einen Hamburger beißen möchte, ungeachtet der Frage nach den Kalorien; oder in der Sonne liegen, ungeachtet der Frage nach dem richtigen Lichtschutzfaktor; oder irre laut Musik hören, ungeachtet der Frage nach einer drohenden Schwerhörigkeit. Doch bedenkenloses Handeln hat meistens seine Grenzen. Das Denken selbst hingegen ist grenzenlos, ist nackt im Sinne von authentisch wie der Denker von Karl-Heinz Krause, dem schon wenige Jahre nach Abschluss seines Studiums der Berliner Georg-Kolbe-Preis überreicht wurde.

Kant sagte, Denken sei Reden mit sich selbst. Und so ist man nie allein, weil man seine Gedanken immer bei sich trägt. Und der Denkende regt zum Denken an, auch zum Träumen. Und vielleicht stellt sich dem einen oder anderen beim Betrachten des Denkers auch die Frage, ob man eines Tages Gedanken lesen kann, ähnlich den Sprechblasen beim Comic. Man geht durch die Fußgängerzone, wird angeschaut und sieht die Gedanken des Betrachters. Was sagen sie? Schönes Kleid, zauberhaftes Lächeln oder fragen sie nach einem Kaffee zu zweit? Wer weiß, wer weiß.

- Denker, Engesserstraße, 76131 Karlsruhe Innenstadt
- ÖPNV: Stadtbahn S1, S2, S5, S11, S51, Straßenbahn 1, U-Bahn-Haltestelle Marktplatz

Ein Ort, der verbindet

14 An der Rheinbrücke

Den ersten Rheinübergang gab es 1840. Den letzten wird es in sehr ferner Zukunft geben, den nächsten vielleicht in naher. Nur eines ist sicher: Es wird sie geben, die Brücke über den Rhein, denn schließlich wollen und rollen hier täglich 80.000 Fahrzeuge von hüben nach drüben und umgekehrt. Wenn hüben Karlsruhe ist, ist drüben Maxau. Wenn drüben Rheinland-Pfalz ist, ist hüben Baden-Württemberg. Ein Kommen und viel mehr Fahren als Gehen – wen wundert es da, dass die Asphaltschicht schrumpft wie das Eis an den Polen? Ob man das sehen kann? In jedem Fall muss man es aufhalten, damit sie sich weiterhin aus dem Autofenster grüßen können, die Baden-Württemberger und die Pfälzer, die hier oft im Stau stehen. Aber zum Glück gibt es die Brücke, sonst dauerte der Bundeslandwechsel um einiges länger. Die vielen Pendler sind aber bei einer Demonstration für oder gegen den Bau einer weiteren Rheinbrücke hier auch schon zu Fuß unterwegs gewesen und nicht aneinander vorbeigefahren. Und man kann auch die Eisenbahnstrecke nutzen, über die Züge und Stadtbahnen viele Menschen von einem in das andere Bundesland mitnehmen können. Bei der Pariser Weltausstellung 1867 bekam diese Doppelnutzung (Eisenbahn- und Straßenbrücke) die Goldmedaille wegen technischer Pionierleistung.

Der Mensch aus der heutigen Zeit würde diesem Ort eine Medaille für Romantik verleihen. Wie wunderschön ist es hier in den Abendstunden, wenn die Sonne sich rot verfärbt und ihre Strahlen scheinbar ins Rheinwasser fallen. Man kann sich dann einbilden, der Fluss fließe langsamer, als stelle er sich auf den Feierabend ein. Oder man besucht ihn direkt an einem Feier- oder Sonntag, wenn die Autopendler den Motor auslassen, weil sie selbst mit dem Rad an der Uferpromenade auf die Brücke zusteuern. Sitzen sie dann am Wochentag wieder im Auto und befahren die Brücke, haben sie vielleicht noch das Bild des romantischen Sonnenuntergangs im Kopf, der das sonstige Staustehen in einem anderen Licht erscheinen lässt.

- Rheinbrücke Karlsruhe, 76187 Karlsruhe-Knielingen
- ÖPNV: Stadtbahn S3, S5, Haltestelle Maxau

Sags durch die Blume

15 Im Garten der Religionen

Wer an was warum glaubt, ist egal, der Garten der Religionen in Karlsruhe zeigt die Vielfältigkeit der Glaubensrichtungen in der Stadt. Welche Richtung man zunächst im Garten wählt, spielt keine Rolle. Im Kreis spazierend fühlt man sich rundum wohl, im Garten der Toleranz und der Freiheit. Die Architektur jedenfalls betont, dass man hier nicht aneckt.

Im September 2015 wurde diese Begegnungsstätte im City Park in der Südstadt-Ost eröffnet. Der City Park zeigt, wie Karlsruhe wächst, Wohnraum musste geschaffen werden. Mit mehr Einwohnern wächst die Vielfalt, auch was die Religionszugehörigkeit betrifft. Man fand hier einen Standort, an dem oft viele Generationen zusammenkommen, da man im Wohngebiet durch einen schönen Park mit See spazieren kann. Außerdem bietet der Park einen grandiosen Abenteuerspielplatz, freie Flächen zum Toben und um die Ecke Einkaufsmöglichkeiten oder Fitnesscenter. Ein Garten für alle, ein Ort der Begegnung.

TIPP

Übernachten im City Park im denkmalgeschützten Wasserturm, heute ein Ein-Zimmer-Hotel.

An der Außenmauer des Gartens finden sich allerhand philosophische Weisheiten – zum Beispiel von Sokrates: „Wer der Welt begegnen will, muss sich selbst begegnen." Auch die Grund- und Menschenrechte, die in Einheit mit den Religionen zu Toleranz aufrufen, finden sich hier verewigt. Oder verschiedene Religionstexte, die auf gebogenen Eisenplatten geschrieben stehen. Viele dieser Inhalte haben durchaus auch in unseren Kulturkreisen ein Zuhause und sagen einem zu. Hübsche Bodenmosaike und die liebevoll angerichteten Blumenbeete erfreuen das Auge. Je nach Jahreszeit blühen Osterglocken, Lavendel oder Prachtkerzen. Am schönsten ist wohl der lila Sternkugel-Lauch, weil er, kugelrund wie er ist, sich ganz wunderbar in die runden Formens des Gartens fügt.

Wer hier ist, hat die Freiheit zu glauben, was er möchte, oder an nichts zu glauben. Er kann es für sich behalten, offen sagen oder durch die Blume aus dem Garten der Religionen.

- Garten der Religionen, Stuttgarter Straße 59, 76137 Karlsruhe Südstadt-Ost
www.gartenderreligionen-karlsruhe.de
- ÖPNV: Straßenbahn 5, Haltestelle Wolfartsweierer Straße

DURCH HASS AUF.
LIEBE AUF.

Romantik auf dem Riesenrad

16

Jahrmarkt Karlsruhe

Es sind die Frühjahrs- und die Herbstmess' die bei Wind und Wetter abenteuerlustige Menschen aus Karlsruhe und Umgebung anlocken. Mal so richtig unvernünftig sein und Dinge tun, die man zum Leben nicht braucht, die es aber doch ausmachen: Achterbahn und Boxautos fahren, die Wildwasserrutsche ausprobieren, sich in das klassische Karussell setzen, ein Spukschloss besuchen. Das und vieles mehr bietet die Mess', wie in Karlsruhe der Jahrmarkt genannt wird. Besonders toll ist es, wenn es im Frühling schon sommerlich, aber nicht zu heiß ist oder der Herbst sich von seiner goldwarmen Seite zeigt. Dann müssen Eltern und Großeltern am Kinderkarussell nicht wie an Weihnachtsmärkten mit Glühwein ausharren, sondern sie können bei einem Kaltgetränk oder Eis den Kleinen zuschauen, wie sie sich in T-Shirt und kurzer Hose den Wind um die Nase wehen lassen. Überhaupt macht es glücklich, zuzusehen, wie die Kleinen Spaß haben. Hier auf der Mess' sollte man nicht versäumen, Kindermimiken zu beobachten, wenn sie die erste Zuckerwatte ihres Lebens naschen. Sie ist sogar in Rosa erhältlich. Natürlich genehmigt man sich auch selbst eine und genießt sie „trotz dem Zucker", um es mal in süddeutschem Dialekt zu formulieren. Zudem kann man dem Oberbürgermeister zuschauen, wie er das Fass ansticht, damit das Hoepfner-Bier fließen kann.

TIPP
Auf dem Messplatz findet mehrmals im Jahr ein Großflohmarkt statt.

Vor allem aber kann man Riesenrad fahren, in die Weite sehen. Jahrmarktgeräusche nur noch aus der Ferne wahrnehmen. Dieses Rauf und Runter – oben die stille Weite, unten das laute Lebhafte. Stimmt das? Einst erfand das Riesenrad George Washington Ferris – ein Ingenieur für Eisenbahntechnik und Brückenbau – anlässlich der Weltausstellung in Chicago 1893. Es wurde ein Erfolg und ging als „Ferris Wheel" in die Geschichte ein. Die Karlsruher erfreuen sich halbjährlich an dem riesigen Rad – gerne auch beleuchtet im Dunkeln. Dann ist der Blick nach oben ein ganz besonderer, der von oben unvergleichlich. Ein prima Ort, auch für den ersten Kuss, an den man sich vielleicht gerade erinnert. Ein Glücksort.

- Jahrmarkt Karlsruhe, Messplatz an der Durlacher Allee 66, 76137 Karlsruhe-Oststadt
- ÖPNV: Straßenbahn 1, 2, 5, Stadtbahn S2, S4, S5, S7, S8, S52, Haltestelle Tullastraße/ Alter Schlachthof

Im Hutparadies

17 Im Hutgeschäft Hut Nagel

Der Mensch muss an so viel denken. Dazu braucht er einen kühlen Kopf, den die Sonne nicht sticht. Mit einer entsprechenden Kopfbedeckung ist er geschützt. Um hier fündig zu werden, ist man im Hutgeschäft Hut Nagel besonders gut aufgehoben. Hut Nagel bietet Praktisches an, das zugleich schick ist, und Schickes, das zugleich bequem, aber auch außergewöhnlich ist.

Einst war Gründer Wilhelm Bauer der großherzogliche Hoflieferant, heute führt die Ururenkelin Annette Wahl das Geschäft. Hüte und Mützen aus aller Herren Länder für Damen und Herren werden angeboten, sogar Panama-Hüte aus Ecuador. Das Traditionsgeschäft besteht seit 1830 und musste im Laufe der Zeit nicht nur dem Wind und dem Wetter trotzen.

TIPP

Hier kann man den Karlsruher Geschenkgutschein einlösen!

Apropos Wetter! Wer in Karlsruhe lebt, ist von der Sonne verwöhnt. Das erste Freibad öffnet bereits im Februar und die Seen laden oft schon im April zum Baden ein. Einen Sonnenschirm hat man bei einem Badeausflug meist nicht parat – der Schattenspender Sonnenhut hingegen lässt sich unproblematisch einstecken. Er ist leicht, schützt und sieht gut aus! Eine Kopfbedeckung mit UV-Schutz ist dafür die beste Lösung. Man findet sehr adrette Hüte, mit denen man sich – gut beschattet und beschützt – seiner Zeitungslektüre oder dem mitgebrachten Roman widmen kann. Oder wird doch eher die fesche Mütze gesucht, die sich schnell überziehen lässt, wenn man radelnd vom Regen überrascht wird? Oder eine ganz individuelle Kopfbedeckung? Karlsruhe liegt nicht weit von einer Pferderennbahn entfernt und für einen Besuch dort braucht man etwas Ausgefallenes.

Unzählige Prominente imponieren mit ihren Hüten, Udo Lindenberg käme einem ohne wohl nackt vor. Erfreulicherweise muss man aber überhaupt nicht berühmt sein, um einen besonderen Hut tragen zu können. Und wer weiß, vielleicht wird in naher Zukunft nicht nur der Hutträger des Jahres, sondern auch der Hutträger Karlsruhes gekürt. Trifft der Kopf auf Hut Nagel, hat er den Nagel auf den Kopf getroffen.

● Hut Nagel, Kaiserstraße 116, 76133 Karlsruhe Innenstadt, Tel. (07 21) 2 83 28
www.hut-nagel-karlsruhe.de
● ÖPNV: Stadtbahn S1, S2, S5, S11, S51, Straßenbahn 1,
U-Bahn-Haltestelle Marktplatz

Der Karlsruher Jakobsweg

18 Auf dem Graffitipfad an der Alb entlang

Die Pilgerwelt hat den Jakobsweg, die Karlsruher pilgern hingegen glücklich auf dem Graffitipfad. Egal, an welchem Ort man den Jakobsweg angeht, man kann von einer Gesamtlänge von etwa 800 Kilometern ausgehen. Puh! Wenn man das hört, schwitzt man, ohne auch nur einen Schritt getan zu haben. Vorsorglich schreien die Füße nach einem Fußbad, und ganz bestimmt meint der Karlsruher hier auch den badischen Fuß – also das ganze Bein. Die kürzere, perfekte Alternative ist der Karlsruher Graffitipfad in der Günther-Klotz-Anlage. Er erstreckt sich an der wunderschönen Alb und bietet mit den Unterführungen massenhaft wundervolle Schattenplätze, die nichts mit graffitibemalten, düsteren Unterführungen aus Krimiserien gemein haben. Hier fällt freundliches Tageslicht ein und korreliert mit den Farben auf dem Beton. Wie auf dem Jakobsweg begegnet man vielen Menschen, wird eingeholt und überholt von Joggern und Walkern, von Spaziergängern, Inlineskatern und Radfahrern, von einzelnen Menschen oder Familien – nur nicht von Autos oder wilden Tieren. Letzteren begegnet man allerhöchstens als buntes Graffito auf Betonflächen, deren einstiges Grau die grüne Idylle an der Alb mächtig gestört hätte.

Bunte Treppen kann man auf- und abwärts gehen, dann wieder dem mal kurvigen, mal gradlinigen Weg folgen. Wie im richtigen Leben – oder eben auf dem Jakobsweg. Man kann schlendern oder schnell gehen, sich die nächste Bank als Ziel setzen, am Wasser entlangspazieren oder am Albufer verweilen. Will man in Karlsruhe bleiben, kann man sich an den Stadtteilen Grünwinkel, Mühlburg, der Weststadt und Südweststadt oder Beiertheim-Bulach orientieren. Natürlich kann man auch an der Alb entlang aus Karlsruhe hinauslaufen, zum Beispiel nach Ettlingen durch das Naturschutzgebiet des Albtals bis nach Bad Herrenalb. Wem Heimat und bunte Graffiti dann nicht zu sehr fehlen, der läuft einfach immer weiter, vielleicht schafft er es irgendwann und erreicht den Jakobsweg. Auf dem Graffitipfad jedenfalls kann man bei bunten Aussichten prächtig üben.

- Graffitipfad in der Günther-Klotz-Anlage, 76135 Karlsruhe-Mühlburg
- ÖPNV: Straßenbahn 4, Haltestelle Europahalle/Europabad

Auf der richtigen Schiene

19 In Straßenbahn und Stadtbahn

Wo einst Pferde- und Dampfbahnen fuhren, verkehren heute Straßen- und Stadtbahnen. In Karlsruhe und Umgebung braucht man kein Auto, das Schienennetz ist so weit ausgebaut, man kommt fast überallhin. Steigt man zum Beispiel am Albtalbahnhof ein, ist man in null Komma nichts im Schwarzwald. Die Suche nach einem Parkplatz am Ausflugsziel erübrigt sich. Mehr noch: Auf dem Weg dorthin lenkt man seine Aufmerksamkeit auf das, was am Fenster vorbeizieht. Ausflugsziele als Straßenbahnfahrgast aufsuchen bedeutet: hinsetzen, rausschauen und wohlfühlen. Die Murgtalbahn – die Stadtbahn S8 und S81 – zum Beispiel verbindet Rastatt mit Freudenstadt. Man durchquert die oberrheinische Tiefebene, in diesem Fall eine Art Lockvogel für das, was noch kommt: Die Strecke läuft entlang steiler Talhänge, führt durch etliche Tunnel und über Talbrücken. Wen reizt es da nicht, das Vorbeiziehen der traumhaften Schwarzwaldlandschaft zu stoppen? Zum Glück gibt es genug Haltestellen, die zum Aussteigen und Verweilen einladen. Manch einer ist so beflügelt, dass er nicht mehr nur mitfahren will. Gut, wenn man sein Rad mitgenommen hat – das ist jederzeit möglich –, dann steigt man auf statt ein und fährt das Murgtal hinab. Für die, die lieber laufen, hat die Stadtbahn zudem geführte Wanderungen im Angebot.

TIPP
In einer historischen Straßenbahn wird das Klassentreffen zum klasse Treffen.

„Damit beginnt das neue Karlsruhe", sagt Oberbürgermeister Frank Mentrup und feiert mit den Bürgern der Stadt 2022 die Eröffnung des Stadtbahntunnels. Die jahrelangen Bauarbeiten haben sich gelohnt, Karlsruhe hat eine U-Bahn!

Und wem der Eventcharakter fehlt, der besucht eine Straßenbahnlesung oder organisiert eine private Sonderfahrt. In den Karlsruher Straßenbahnen kann man nämlich nicht nur sitzen und schauen, man kann auch tanzen und talken. Da bleibt der Betriebsausflug oder das Familienfest in guter Erinnerung.

Karlsruher Verkehrsverbund GmbH, Tel. (07 21) 61 07 58 85
www.kvv.de

1E Tullastraße
KRONENPLATZ
VBK
252

Anlehnen und Ausruhen

20 Schmucker chinesischer Teepavillon

Bereits ein paar Jahre, bevor der Grundstein für das Karlsruher Schloss gelegt wurde, erteilte der Markgraf Karl Wilhelm von Baden-Durlach 1711 den Auftrag für den Fasanengarten im Hardtwald. 1714, ein Jahr vor der Stadtgründung Karlsruhes, folgte ein hölzernes Jagdhaus. Der Markgraf Karl Friedrich ließ dieses 1764/65 durch das heutige Fasanenschlösschen ersetzen. 1967 wurden anlässlich der Bundesgartenschau die Außenfassaden des Schlösschens und der dazugehörigen Teehäuschen wieder in Topform gebracht. Es hatte der Zahn der Zeit daran genagt. Hat man das besichtigt, empfiehlt es sich, abseits hinter der Mauer um die ehemalige Hofgärtnerei einen weiteren Teepavillon aufzusuchen. Der Pavillon – im Stil, wie er in der Romantik üblich war – wirkt schön abgeschirmt vom Trubel und lädt einen ein, ihm Gesellschaft zu leisten. Vielleicht möchte man sich in der ersten Frühlingssonne windgeschützt an seiner Häuserwand anlehnen? Ruhe und Abgeschiedenheit an einem arbeitsfreien Tag genießen und sich für einen Moment in der Stille dem Strom der Sonntagsspaziergänger im Schlossgarten entziehen? Vielleicht möchte man in der Sommerhitze auf schattengekühlten Treppenstufen ausruhen und ein Buch lesen oder den Passagieren im Schlossgartenbähnle, das regelmäßig hier vorbeikommt, winken und sie dann weiterziehen lassen wie die eigenen Gedanken? Vielleicht möchte man sich aber auch in eine andere Zeit hineinversetzen an diesem leisen Ort. Wie war es früher, wie ist es heute? Wenn man eine Picknickdecke dabeihat, ist jetzt die Gelegenheit gekommen, den Moment der Stille auszubauen in eine Stunde der Besinnlichkeit. Drauflegen und in den Himmel schauen, die Augen schließen und träumen. Es kann passieren, dass Jubelrufe die Träumereien unterbrechen, denn das Wildparkstadion liegt nahe. Schön, wenn man gerade einen Gedanken gefasst hat, der einem Torschuss gleicht – ein Gewinn. Zu Hause kann man das gewinnbringende Denken fortsetzen, unbedingt bei einer Tasse Tee.

● Chinesischer Teepavillon in der ehemaligen Schlossgärtnerei, Karlsruhe Innenstadt (hinter der Mauer des Fasanengartens)
● ÖPNV: Straßenbahn 1, 2, Stadtbahn S2, S4, S5, S7, S8, S51, U-Bahn-Haltestelle Kronenplatz

Urlaub für zwischendurch

21 Auf der Pappelallee bei Hohenwettersbach

Auf einem Wandkalender wirken manche Landschaftsaufnahmen so wundervoll, man kann sich gar nicht vorstellen, dass es so etwas in Natur gibt. Tut es aber: Die Pappeln bei Hohenwettersbach sind so ein Hingucker. Manch einer nennt diese Augenweide die „Toskana von Karlsruhe". Jaja, immer diese Vergleiche. Dieser hier bedeutet aber schlichtweg, dass man eben nicht in die Toskana reisen muss, wenn man sich wie in Italien fühlen möchte. Für einen Spaziergang wäre das ja auch zu weit. Aber hierhin kommt man schon mal geschwind, wenn man eine Stunde Urlaub zwischendurch machen möchte. Gehen, stehen, laufen, joggen, fahren – mit Hund oder ohne, mit Fahrrad oder ohne, mit Begleitung oder ohne. Einfach nur ausruhen und umsehen. Der Blick über die Landschaft ist großartig. Weitläufig. Die Luft abgasarm. Die Pappeln thronen hier auf der Höhe, als wollten sie die Wolken erreichen. Von Weitem sieht es manchmal so aus, als ob die Pappelspitzen den Wolkenbauch kitzeln. Lacht er, könnte es Regen geben. Oder Schnee. Dann erinnern die Pappeln an Eis am Stiel.

TIPP

Die Pappelallee gibt's von Klaus Eppele auch als Wandkalender.

Einst war es eine Allee, heute ist es nur noch eine Reihe, weil eine Pappelseite in die Jahre gekommen war und abgeholzt werden musste. An deren Stelle geben Winterlinden nun ihr Bestes. Auch im Herbst, wenn hier die Welt sonnenbeleuchtet strahlt und von Malern farbenbeschrieben, von Schreibern buchstabengemalt oder von Fotografen stillgehalten wird. Fasziniert von der Natur, die man hier erlebt, ist man beinahe traurig, dass man die Zeit nicht eben anhalten kann – so gut tut diese kleine Auszeit! Aber man kann die Momente der Vollkommenheit gedanklich festhalten und auftanken im Licht. Dieses Glück kann man einatmen, die Bilder im Kopf speichern, die Pappeln berühren, weil auch sie einen berühren. Und man hofft, dass die Pappelreihe noch lange besteht, auch wenn die Jahre den Bäumen zusetzen.

● Pappelallee, Am Thomashäusle, 76227 Karlsruhe-Hohenwettersbach
● ÖPNV: Bus 23, Haltestelle Thomashof

Watteweiche Wohltat

22 Das Sonnenbad am Rheinhafen

In der Sonne selbst kann man nie baden, man würde verglühen. Im Sonnenbad hingegen kann man fast ganzjährig draußen schwimmen. Wenngleich es zu Beginn (1915) als Militär-Schwimmschule genutzt werden sollte, braucht es heute keinen besonderen Drill, hier einzutauchen. Das Bad liegt am Ende des Rheinhafens neben dem Heizwerk, das hier sein Gutes tut. Denn durch seine Abwärme schafft es die beste Voraussetzung für das Badevergnügen der besonderen Art. Das Sonnenbad ist ein Bad für Menschen, die Frischluftfanatiker und Vielschwimmer gleichermaßen sind. Eine Art, die gar nicht so selten scheint – nicht umsonst hat das Sonnenbad den Freundeskreis. Auch nicht umsonst ist die Wärme des Beckens – 25 bis 28 °C –, es wird in der Vorsaison ein geringer Heizkostenzuschlag erhoben. Wem es beim Schwimmen trotzdem nicht warm genug wird, der kann die beiden Saunakabinen auf dem Dachgarten nutzen, die dem Freundeskreis zu verdanken sind. Neben Massagepilz und Freiluftschach, wie man es auch von anderen Schwimmbädern kennt, gibt es hier das zusätzliche Angebot einer Kinderbetreuung.

Nicht nur die in ganz Deutschland einmaligen Freibadöffnungszeiten über alle Jahreszeiten hinweg machen das Sonnenbad besonders: Man sollte mindestens einmal bei der Eröffnung dabei gewesen sein. Sehen, wie Frauen in Badeanzug oder Bikini und Männer in Badehose bei Außentemperaturen kaum über null Grad freudestrahlend der noch fehlenden Sonne trotzen, die es im Februar noch nicht schafft, ausreichend zu wärmen. Erleben, wie es sich anfühlt, wenn der Startschuss fällt und man von der Stelle aus hineinspringen darf, an der das Schild steht „Springen verboten"! „Wie in watteweiche Wolken eintauchen", sagen die einen, „Ich mach das, um fit zu bleiben" oder „Ich bin Beamter, ich muss mich bewegen" die anderen. Wer hier vor den Journalisten, die trotz Mütze und Schal zitternd am Rand stehen, hineinspringt, der nimmt dann sicher auch am Zwölf-Stunden-Schwimmen für einen guten Zweck teil, eine weitere Attraktion, die Tradition hat wie das Bad selbst.

TIPP

Am Kiosk gibt's hausgemachte Maultaschen nach Großmutters Rezept der Pächter.

● Sonnenbad, Am Sonnenbad 3, 76189 Karlsruhe-Mühlburg, Tel. (07 21) 1 33 52 30
www.ka-baeder.de
● ÖPNV: Straßenbahn 5, Haltestelle Rheinhafen

Wörtersatt in 13 Gängen

23 Auf dem Gedichtpfad im Hardtwald

„Das Essen war ein Gedicht", ein Satz, den wir nicht unbedingt täglich gebrauchen, schließlich wird uns nicht täglich ein mehrgängiges Menü eines Sternekochs serviert. Was wir in Karlsruhe aber täglich genießen können, mehrere Gänge lang und kostenlos (!), das sind Gedichte im Hardtwald. Hier kann man sich von einem mehrgängigen Menü erlesener Worte auf 13 Tafeln verzaubern lassen. Statt Candlelight gibt es Himmelslicht; statt Gutes für den Bauch bekommt man Bestes fürs Gehirn.

Es ist ein Spazierweg der besonderen Art, der dazu einlädt, Natur als besonders wahrzunehmen, vorbei an den Texttafeln, die an markanten Bäumen angebracht sind. Darauf Gedichte von Rudolf Hanauer, Eugen Roth, Bernhard von Clairvaux, Christel Süßmann, Theodor Heuss, Bertolt Brecht, Johann Wolfgang von Goethe, Ludwig van Beethoven, Kurt Tucholsky, Erich Kästner, Hermann Hesse, Conrad Ferdinand Meyer, Joseph von Eichendorff und Helmut Dagenbach, die uns für den Moment innehalten lassen und vielleicht zum Nachdenken anregen.

Lesen macht an diesem wundervollen Ort besonders glücklich! Der Gedichtpfad ist zudem mit mehreren Sitzbänken bestückt, auf denen man ausruhen und die Worte auf sich wirken lassen kann. Doch auch auf den Bänken selbst lassen sich eingravierte kurze Zeilen wie „Lass dir Zeit – ruhe dich aus" finden. Und das Rascheln der Bäume und der Gesang der Waldvögel tragen ihren Teil dazu bei, dass man die Ruhe fern vom städtischen Treiben genießen kann und entspannt.

Vielleicht kommen dem einen oder dem anderen auf diesem Pfad sogar eigene Verse in den Sinn oder man möchte einfach nur ein paar Zeilen niederschreiben. Es empfiehlt sich also, Stift und Papier mitzunehmen, denn es wäre schade, wenn sich die Gedanken, die einem einfallen, in der Waldluft auflösen. Besser, man hält sie fest – und wer weiß schon, ob in einem nicht ein Dichter lauert, dessen Worte eines Tages hier an einem Baum hängen und Spaziergänger satt machen, wörtersatt.

● Gedichtpfad im Hardtwald, Karlsruhe-Waldstadt
● Parken an der Theodor-Heuss-Allee, Einstieg in den Rundweg: Graf-von-Wiser-Eiche
● ÖPNV: Einstieg Nähe Forsthaus Karlsruhe möglich, Theodor-Heuss-Allee 15, 76139 Karlsruhe, erreichbar mit Bus 30, Haltestelle Waldstadt Elbinger Str. (West)

GEDICHTPFAD

Lecker beim Zuckerbecker

24

Am Werderplatz im Herzen der Südstadt

Schokolade macht glücklich. Schokolade vom Zuckerbecker macht noch viel glücklicher. Wir finden ihn in der Karlsruher Südstadt am Werderplatz. Hier geht Axel Becker, Gourmet und Schokoladenliebhaber, seit 2003 seiner Leidenschaft nach und stellt seit einigen Jahren nicht nur eigene Schokoladenkreationen her, sondern fertigt auch auf Wunsch etwas Ausgefallenes aus der wohlschmeckenden Kakaomasse an. Das Sortiment seines Ladens ist überaus vielfältig: Von Trinkschokoladen über Schokoaufstriche und -liköre, feinste Trüffelpralinen bis hin zu reinen Kakaobohnen aus fairem Handel lassen die Süßmäuler glücklich strahlen. Es ist wirklich für jeden etwas dabei. Und weil Schokolade – erstaunlicherweise – nicht alle mögen, bietet der Zuckerbecker zudem auch ausgewählte Tee- und Kaffeesorten sowie Feinkost an. Aus über 160 Teesorten kann man wählen. Oder man entscheidet sich für eine der Kaffeespezialitäten, die hochwertig produziert sind und fair gehandelt. Wem der Sinn nach etwas Feinköstigem steht, genehmigt sich die Schokonudeln oder greift zu einer der ausgefallenen Senfsorten.

TIPP

Ein Pralinenseminar kann man auch verschenken.

Qualität wird bei Axel Becker großgeschrieben. Er macht sich sein eigenes Bild von den Anbaugebieten, aus denen er seine Tee-, Kaffee- und Kakaosorten bezieht. Dazu war er bereits in Ecuador, Sri Lanka und auf den Azoren – und kam zum Glück, nachdem er die Rohstoffe unter die Lupe genommen hatte, in die Karlsruher Südstadt zurück.

Regelmäßig bietet der Zuckerbecker Pralinenseminare an, in denen man beim Tüfteln alles über die Herstellung von Schokolade erfahren kann. Spätestens dann, wenn man diese Köstlichkeiten in stundenlanger Feinarbeit selbst hergestellt oder seine erste eigene Schokolade kreiert hat, ist man bereit, den Preis zu zahlen, den diese Leckerei wert ist. Und wie schon erwähnt: Diese Schokolade macht glücklich; sogar dann noch, wenn sie zu Bruch geht! Sie heißt dann nur eben so: Bruchschokolade, macht aber trotzdem am Stück glücklich!

- Der Zuckerbecker, Werderplatz 34, 76137 Karlsruhe-Südstadt, Tel. (07 21) 9 33 82 20
- ÖPNV: Straßenbahn 3, Haltestelle Werderstraße

PERKEO
KAFFEE

Idylle to Go-Kart

25

Mit Pedalgokarts zum Oberwaldsee

Den Karlsruher Oberwald kann man eine Idylle nennen, wie aber nennt man dann den Oberwaldsee dort? Eine Idylle in der Idylle? Doppelidylle? Am besten, sich nicht mit Begriffen aufhalten, sondern hinfahren und sehen, welch wunderbare Welt einem hier zu Füßen liegt. Gerade im Frühjahr, wenn Löwenzahn gelbe Farbtupfer in ungemähtes Grün setzt und sich dazwischen zarte Blaublüten vorwagen. Als hätten Sonne und Himmel ihre Farben regnen lassen. Nur das Weiß der Gänseblümchen erinnert daran, dass es auch mal kalt wird, manchmal Puderzuckerschnee über dem Grün liegt und dann das Frühlingstreiben verdient pausiert.

Zum Pausemachen während eines Oberwaldausflugs eignet sich dieses wertvolle Kleinod nur zu gut. Junge Familien breiten Picknickdecken aus und speisen im Schatten, Ausflügler liegen in sattem Grün und finden auch mal ein vierblättriges Kleeblatt neben der Picknickdecke. Im Wasser sind die Stockenten mit ihren Küken, außerhalb tummeln sich die Menschen mit ihren Kindern. Am See gibt es zwei Grillplätze, bei einem befindet sich zusätzlich ein kleiner Spielplatz auf einer Halbinsel – auch eine Art Karlsruher Kombilösung. Alles in wundervoller Natur: Baumstämme sind mit Efeu bedeckt, als wollten sie sich für ihre Besucher möglichst schick machen. Kastanien zieren hoheitsvoll die Wege. Aber aufgepasst, dass einem nicht plötzlich ein Kettcar über die Füße fährt! Glücklicherweise passen auch die Fahrer auf, wenn sie mit diesen Riesenkettcars – Pedalgokarts nennen sie sich – die Wege entlangfahren. Da schlagen nicht nur Kinderherzen höher. Jeder war doch einmal glücklicher Kettcarfahrer – und jeder wäre es gerne wieder. Toll, dass man das auch als Erwachsener wieder aufleben lassen kann. Entweder mietet man sich alleine einen Wagen oder man bucht den Zweisitzer. Wunderbar eignet sich so etwas natürlich für Klassenausflüge oder auch als Firmenevent. Je nachdem liegen einem die Schüler oder Mitarbeiter kindglücklich zu Füßen!

TIPP

Unbedingt mal reinschauen: www.pedalkart.de. Eignet sich auch bestens für Kindergeburtstage.

● Oberwaldsee, Edgar-Heller-Straße, 76227 Karlsruhe-Durlach, Tel. (01 70) 9 09 00 01, www.pedalkart.de
● ÖPNV: Bus 42, 44, Haltestelle Tiefbauamt

Lesepause mit Vergnügen

26 Der Bücherschrank am Ostendorfplatz

Wer behauptet, in einen Schrank gehören Kleider? Und wer behauptet, ein Schrank muss in einer Wohnung oder in einem Haus stehen? Es geht nämlich auch anders. In Karlsruhe sind es Bücherschränke, die sich in den letzten Jahren einige Plätze unter freiem Himmel erkämpft haben. Schon allein ihr Anblick macht glücklich. Darin stehen die Bücher nicht nur kostenlos zur Verfügung, man ist auch aufgefordert, selbst neuen Lesestoff hineinzustellen, zum Tausch anzubieten und sie so auf eine besondere Art weiterzuverschenken.

Eines der wunderbarsten Exemplare – dieser Schrank ist das Ergebnis eines Wettbewerbs der Architekturfakultät des Karlsruher Instituts für Technologie (KIT) – wurde von Cornelia Holsten (Bürgerstiftung Karlsruhe) gestiftet und steht am Ostendorfplatz in Karlsruhe Rüppurr. Seitlich stehen die Bücher geordnet im Regal, frontal jedoch blickt man auf scheinbares Chaos, auf Bücher in Schräglage – und wer weiß schon, vielleicht ist auch der Inhalt des einen oder anderen Buches schräg. Um das herauszufinden, öffnet man den Schrank, greift sich ein Buch heraus und nimmt am besten noch an Ort und Stelle auf der Bank nebenan Platz und beginnt zu lesen. Wenn das Buch gefällt, nimmt man es mit nach Hause und freut sich über den anonymen Schenker. Und da Schenken ebenso glücklich macht, wie beschenkt zu werden, durchstöbert man am besten das eigene Bücherregal, greift das ein oder andere Werk heraus und stellt es auf dem nächsten Spaziergang in einen der Schränke. Tür auf, Buch rein, Buch raus, Tür zu – und dem Lesevergnügen sind keine Schranken mehr gesetzt.

Spannend ist das in mehrfacher Hinsicht. Zum einen weiß man durch das ständige Wechseln der Bücher nie, welches einen als nächstes erwartet, zum anderen ist man auch gespannt, ob das eigene Tauschangebot wahrgenommen wurde. Ein Adventskalender erscheint dagegen nur halb so attraktiv – und von Dauer ist er auch nicht. Bücher hingegen sind es.

TIPP

Bücherschrankpate werden!

- Öffentlicher Bücherschrank, Ostendorfplatz, 76199 Karlsruhe-Rüppurr
- ÖPNV: Stadtbahn S1, S11, Haltestelle Ostendorfplatz

Geselligkeit und Literatur

27 Bei der Literarischen Gesellschaft im PrinzMaxPalais

Die Karlsruher mögen zwar nicht unbedingt Hochdeutsch reden, aber die deutsche Sprache hat einen großen Stellenwert. Das zeigt zum Beispiel der Scheffel-Preis, der jährlich von der Literarischen Gesellschaft seit 1928 für die beste Abiturleistung im Fach Deutsch verliehen wird. Und nicht nur das: Die 1924 gegründete Gesellschaft, ein gemeinnütziger Verein, ist Träger des Museums für Literatur und die größte literarische Vereinigung Mitteleuropas. Mag das auch irgendwie trocken klingen, die Arbeit der Literarischen Gesellschaft ist es nicht. Beheimatet ist sie im PrinzMaxPalais, einem hoheitsvollen Gebäude, 1881 bis 1884 erbaut. So schön wie die deutsche Sprache ist, so passend ist auch die Unterbringung des Museums für Literatur in dieser Villa! Im altehrwürdigen Gemäuer wendet man sich aber nicht nur den Klassikern der Literatur zu, im Gegenteil, hier lesen Autorinnen und Autoren wie Katharina Hagena, Judith Hermann, Martin Walser oder Feridun Zaimoglu – um nur einige zu nennen. Nennenswert ist auch die Bühne, die die Literarische Gesellschaft sogenannten Nachwuchsautoren bietet. Jährlich finden die Karlsruher Literaturtage statt, an allen möglichen und auch an unüblichen Orten wird gelesen – wie zum Beispiel mitten in der Fußgängerzone. Ohne die Mithilfe der Literarischen Gesellschaft wäre kaum möglich, was den Einstieg in die Lesesaison noch bunter macht. Weil man eben nicht nur stocksteif auf einem harten Stuhl sitzen muss, nein, zu den Literaturtagen finden Lesungen auch in Cafés oder Fahrstühlen statt – Geräusche machen da also nicht nur die Vortragenden! Laute Lesung bedeutet nicht, dass keiner zuhört, sondern laut ist hier ein Synonym für lebendig. Nur, wer sich lebendig fühlt, taucht ein in Geschichten, die beim Zuhören glücklich machen. Danach folgt der Austausch. Und so ist es kein Wunder, dass sich die Literaturtage Karlsruhe ebenso etabliert haben wie die allmende – eine Literaturzeitschrift, die den Kulturförderpreis Baden-Württembergs erhielt und auch nach der 100. Ausgabe (!) noch immer von der Gesellschaft herausgegeben wird.

TIPP

Den Besuch im PrinzMaxPalais bei einem Kaffee im MAX ausklingen lassen!

● Literarische Gesellschaft im PrinzMaxPalais, Karlstraße 10, 76133 Karlsruhe Innenstadt, Tel. (07 21) 1 33-40 87, www.literaturmuseum.de
● ÖPNV: Straßenbahn 1, Stadtbahn S1, S2, S5, S11, S51, U-Bahn-Haltestelle Europaplatz/Postgalerie, Straßenbahn 2,3,4, Stadtbahn S12, Haltestelle Europaplatz/Postgalerie

Ein Hand-in-Hand

28 Zusammen am Rheinhafen

Mehr als 100 Jahre hat der Rheinhafen auf dem Buckel, sechs Hafenbecken bietet er und noch eine Menge mehr, was sich in Zahlen fassen ließe. Wenn man sich aber umschaut, dann fühlt man sich vor allem mit der Welt verbunden – fast wie am Meer. Als sei über die Wasserstraße alles erreichbar. „A connected corridor“ heißt das Stichwort, bei dem es um den Zusammenschluss mehrerer Häfen am Oberrhein geht. Anstatt nun langweilig zu theoretisieren, konzentriere ich mich hier einzig auf das Wort „zusammen“, denn der Hafen ist ein äußerst lebendiger Ort, an dem sich viele Menschen treffen! Manche kommen zum Arbeiten zusammen, denn rund um den Hafen gibt es viele Arbeitsplätze. Andere kommen zum Sporteln – Rudern und Paddeln werden hier ganz großgeschrieben. Es gibt zum Beispiel den Ruderverein Karlsruher Rheinklub Alemannia, der mehr als 100 Jahre besteht, und es gibt die Strömungsfreiheit, die die Trainierenden am Rheinhafen genießen. Wieder andere kommen für einen Schiffsausflug her. Das Fahrgastschiff „Karlsruhe“ liegt schon bereit und wartet auf neue Gäste. Viele Menschen kommen wiederum, um beim HafenKulturFest zu feiern. Da können Frauen wie Männer beim Kanufahren um den Stadtwerkepokal kämpfen, einzige Voraussetzung: Man muss schwimmen können. (Nach Absprache kann man vorher mal auf dem Altrhein in Rappenwört trainieren.) Natürlich ist es auch möglich, das Fest einfach nur zu genießen: Es gibt Live-Musik auf dem Wasser, der man auf dem Trockenen lauschen kann – ohne auf dem Trockenen zu sitzen! Familienprogramm und Seemannslieder, Kinderkarussell und Clown Claus und noch vieles mehr machen das Fest zu einem echten Erlebnis. Alles feiert und die Atmosphäre beim dreitägigen HafenKulturFest in einer lauen süddeutschen Sommernacht ist unschlagbar.

Der Rheinhafen ist und bleibt ein Hand-in-Hand verschiedener Institutionen. Das Bild, das sich einem aus der Luft bietet – die Hafenbecken sehen aus wie eine Hand –, könnte treffender nicht sein. Hier genießt man den städtischen Trubel und trifft sich gerne.

● Rheinhafen, Werftstraße, 76189 Karlsruhe-Mühlburg
www.rheinhafen.de
● ÖPNV: Straßenbahn 5, Haltestelle Rheinhafen

Langes Leben mit Wurzeln

29 An der Methusalemeiche

Da steht sie, die circa 375 Jahre alte Eiche und erscheint einem so wuchtig, man setzt sich automatisch erst einmal auf eine Bank. Wahrt man diesen Abstand, der die Achtung vor dem Alter ausdrückt, betrachtet man diese Schönheit nun. Ahs und Ohs, die man in die Welt entlässt, breiten sich vor dem Baum aus und steigen in sein Ästegewirr auf. Man schaut ihn an und bildet sich ein, er beäugte einen mit seinem rechten Auge. Die grün bemooste Nase wird stolz präsentiert, als Haupthaar die dicken Äste, die je nach Jahreszeit ein Blätterfell tragen. Der Baum kommt einem vor wie ein Fabelwesen, das sich bewegen kann – und sprechen. Geht man auf ihn zu und schaut zu ihm auf, denkt man ein „Wow" und ist ergriffen von der Stabilität, die er verkörpert. Langes Leben braucht Stabilität. Hier steht es. Ein sehr dicker Ast steht unterhalb der grünen Nase zur Seite ab – ein Hörrohr? Was hört der Baum? Liebesgeflüster, das von Baumstammbesuchern zu seinen Füßen zu ihm hinaufdringt?

Hinter ihm stehen viele kleinere Bäume in Reih und Glied, als wollten sie sagen: „Du zuerst!" Aber sie meinen nicht „Alter vor Schönheit", denn gerade das hohe Alter macht sie so schön – die Methusalemeiche. So standhaft möchte man manchmal sein im Leben. So ausbalanciert wie dieser Baum mit seinen Ästen wirkt.

Betrachtet man sie von hinten (ja, man hat wirklich das Gefühl, ein Vorne und ein Hinten zu erkennen), fällt einem der dicke Stamm auf, ein Stamm wie ein riesiger mehrzehiger Fuß eines Urzeittieres. Man spürt förmlich die Erde erbeben und sieht das Laub erzittern bei der Vorstellung, die Eiche liefe davon. „Bleib noch ein wenig", will man ihr fast zuflüstern, „bleib noch ein wenig länger. Denn wenn du so alt wie Methusalem werden willst, dann hast du noch ein paar Jahre vor dir." In jedem Fall sollte man hier öfter sitzen und die durch Vogelstimmen untermalte Ruhe genießen. Wer will, plaudert mit diesem besonderen Baum und vielleicht gibt er einem einen schönen Gedanken mit auf den Weg, der glücklich macht!

- Methusalemeiche Nähe Waldzentrum, Linkenheimer Allee 10, 76131 Karlsruhe-Nordstadt
- ÖPNV: Bus 73, Haltestelle Am Kanalweg, etwa 12 Minuten Fußweg

Frisch, freundlich, fair

30

Café Palaver

Palavern ist ein Synonym für oberflächliches, überflüssiges Gerede und umgangssprachlich abwertend gemeint. Ein Besuch im Café Palaver allerdings wertet den Tag erheblich auf. Vom Lidellplatz aus betritt man durch den Hinterhof eine eigene kleine Welt und tritt aus der alltäglichen heraus. Ins Café gelangt man durch den vorgelagerten Wintergarten, der so einladend daherkommt, dass man gerne gleich Platz nimmt in der Idylle. In der kalten Jahreszeit genießt man hier beim Frühstück oder Mittagessen ein Sonnenbad, so selbige scheint, oder man geht eben hinein. Drinnen wie draußen spürt man diese Atmosphäre des Miteinander und Füreinander, was unter anderem darauf zurückzuführen ist, dass das Café inhabergeführt ist. Was einst mit einem Vierplattenherd und einer Haushaltskaffeemaschine begann, wird nun mit Herzblut von Frau Saur und Frau Tolone nicht geführt, sondern gestaltet. Viele Mitarbeiter sind hier teilzeitbeschäftigt und gehen künstlerischen Berufen nach. Die Köche haben sehr freie Hand, eher fühlt man sich vom Liebhaber oder der besten Freundin bekocht, als dass man jemanden am Herd vermutet, der seinen Job erledigt. Ob indisch, vegetarisch, italienisch oder Hausmannskost, Gnocchi mit Haselnuss-Maronensauce oder Spaghetti mit Rucolapesto, Maispfannkuchen mit Avocado-Tomaten-Salsa: Die Köche tischen auf, was sie selbst gerne essen. Und das schmeckt einfach so gut, dass ein reines Frühstücksangebot hier irgendwann nicht mehr ausreichte, weshalb man nun von 9 bis 19 Uhr Gaumenfreuden anbietet. Ambitionierte Amateure haben hier etwas Einmaliges wachsen lassen. In allem schmeckt man die Authentizität, die hier viele Individualisten ausleben, indem sie auch schon mal Omas Kuchenrezept verraten. Die Zutaten kommen bevorzugt aus der Region und sind mit „frischfreundlich aufgetischt zu fairem Preis“ gut beschrieben. Zu gerne sitzt man hier beisammen bei wortreichem Gerede, das so gar nicht überflüssig ist, sondern dem Schweigen in der Welt die Stirn bietet.

TIPP

Im Dezember wird nach Gästewünschen gekocht, also Wunschzettel schreiben!

- Café Palaver, Steinstraße 23, 76133 Karlsruhe Innenstadt, Tel. (07 21) 37 76 47 www.cafepalaver.de
- ÖPNV: Straßenbahn 3, 4, 5, Haltestelle Rüppurrer Tor

cafe
palaver

Kleine Runde, große Wirkung

31 Im Lustgarten Hohenwettersbach

Schule im Lustgarten – wer bekommt da nicht Lust aufs Lernen? Die Grundschule in dieser fantastischen Lage ist wie gemacht für ein Nur-draußen-Unterrichten. Bänke und Tische stehen einige im Gelände. Man stelle sich vor, die Schüler sitzen im Freien und schreiben, lösen mathematische Aufgaben und lesen Texte, kreieren Aufsätze – und wer im Kopf einen Leerlauf hat, füllt die Leere mit Laufen. Es ist bekannt, dass Bewegung und Lernen miteinander einhergehen.

Gehen kann man hier, ein wenig bergauf, ein wenig bergab. Im Frühling die kugelig wirkenden blühenden Bäume genießen, im Winter den Kindern beim Rodeln zuschauen. Im Talkessel dieses Platzes bieten sich Beachvolleyballfeld, Basketballplatz und kleine Skaterbahn zum Auspowern an, und natürlich gibt es einen Fußballplatz. Eine kleine Anlage, die alles bietet. Und die ausladenden Bäume laden ein, sich darunterzusetzen. Der Lustgarten Hohenwettersbach eignet sich wunderbar für die Menschen, die nur eine kleine Runde drehen wollen, aber eben eine Runde, in der es mal auf-, mal abwärts geht und die Abwechslung bietet. Es sind vor allem die Kinderstimmen, die diesen Garten so lebendig machen. Außer der Schule gibt es hier noch eine Sporthalle und einen Kindergarten. Mit Gejohle ist zu rechnen. Man möchte mitjohlen und erfreut sich an dem Beweis, dass spielend lernen das beste Lernen ist.

Wenn man genug kleine Runden gedreht hat und den Lustgarten wieder verlässt, wirft man auf der Straße Am Lustgarten, Höhe der Hausnummer 31, einen staunenden Blick auf die Hochburg. Es handelt sich um ein ehemaliges Gasthaus, das 1902 erbaut wurde. Ein wunderschönes Anwesen im Jugendstil. Buntsandstein, glatt verputzte Fassade plus Fachwerkhauselemente ergeben ein stimmiges Bild. Und dann geht man mit den Kinderstimmen im Ohr nach Hause und fühlt sich frisch ganz im Stil der Jugend.

- Lustgarten Hohenwettersbach, 76228 Karlsruhe-Hohenwettersbach
- ÖPNV: Bus 24, 44, Haltestelle Hohenwettersbach Rathaus

Gesundes und unverpackt

32 Tante M in Karlsruhe

„Mehr Arbeit, mehr Glück", so bringt Stefanie Meth, Inhaberin des gemütlichen Ladens Tante M, ihr Herzensprojekt auf den Punkt. „Allerlei Gutes" steht unter dem Namen des Geschäfts und durch das Prinzip „Unverpackt" wandelt es sich wie von selbst in sehr Gutes. „Wir haben fast alles, außer Milch." Körner, Flocken und Müsli werden aus Glasgefäßen angeboten. Die sind zwar teurer im Einkauf und gehen auch mal kaputt, aber schöner sind sie und nachhaltiger auch. Die Kunden sollen sich aber nicht scheuen, Plastikverpackungen zum Befüllen mitzubringen. Was da ist, soll verwendet werden, das spart Ressourcen. Frau Meth versteht sich als Nahversorgerin, Motivation sind Kinder, denen sie eine gute Umwelt hinterlassen möchte. Und so kann man nicht nur Lebensmittel einkaufen, sondern auch Putz- und Waschmittel abfüllen. Verkauft werden regionale und Bioprodukte. Von Weitem fällt das große weiße M auf der Fensterscheibe auf. Es strahlt wie Frau Meth selbst, wenn sie erzählt, dass es sie glücklich macht, einer sinnvollen Arbeit nachzugehen. Freundlich begrüßen einen die Mitarbeiter, die hilfreich zur Seite stehen, wenn man das erste Mal mitgebrachte Gefäße abwiegt. Das Einkaufen ist nicht lästig, sondern es trägt den Charme des Kaufladenspiels aus Kindertagen in sich. Bonbons schmecken viel besser, wenn sie einzeln aus der Dose gefischt und ins eigene Gefäß abgefüllt werden. Und im Tante M kommt man ins Gespräch – ein Ort der Begegnung in der Karlsruher Oststadt. Der Ladenname erinnert nicht umsonst an Tante-Emma-Läden, die man seinerzeit auch als Treffpunkt für Plaudereien verstand. Dabei war der Start für Frau Meth kein einfacher, denn die Bank lehnte die Geschäftsidee zunächst mit den Worten „rentiert sich nicht" ab. Dabei weiß jedes Kind, dass eine Investition in Nachhaltigkeit lohnt. Im Tante M ist man jedenfalls wieder glücklich wie ein Kind und spürt, wie schön es ist, die Welt ein bisschen besser machen zu können.

TIPP

Tante M gibt es auch in der West- und der Südweststadt!

● Tante M, Rintheimer Straße 1, 76131 Karlsruhe, Tel. (07 21) 95 96 06 15
tante-m-karlsruhe.de/filiale-ost

● ÖPNV: Straßenbahn 3, 4, Haltestelle Karl-Wilhelm-Platz

SIMAX
FRISCH
BENUTZT

Gemütlichkeit gewinnt

33 Zwischen Affenplätzle und Tierpark im Oberwald

Auf dem Weg in den Tierpark im Oberwald wird man von Kinderstimmen empfangen, denn der Waldspielplatz „Affenplätzle" ist ganz in der Nähe. Wer hierhin einen Ausflug macht, der sollte nicht nur Kind und Kegel, sondern auch Zeit und Picknickzubehör mitbringen. An wetterschönen Tagen sind die guten Wege hier bevölkert mit Fußgängern und Laufradfahrern, Kinderwagenschiebern und Freizeitsportlern – ein reges Treiben, von dem man sich mal hierhin, mal dorthin treiben lässt. Hierhin zum Affenplätzle oder dorthin zum Tierpark, in dem seltene und bedrohte Tierarten leben. Schaut man ihnen zu beim Leben, kommen einem Wörter wie gemächlich in den Sinn und man erinnert sich an Balous: „Probier's mal mit Gemütlichkeit, mit Ruhe und Gemütlichkeit jagst du den Alltag und die Sorgen weg …". Also raus aus dem Haus und schleunigst in den Oberwald, um mit der ganzen Familie zu entschleunigen. Schon die Straßennamen im Tierpark klingen so bildhaft nett: Gämsenweg und Elchweg – ja, hier gibt es Elche zu sehen und noch mehr: die Gämse – wer hätte es gedacht – den Marderhund, den Waldkauz, das Urwildpferd, den Vietnam-Sikahirsch, den Wisent und die Persische Kropfgazelle. Da der Spielplatz nebenan liegt, kann man immer mal abwechseln zwischen dem Beobachten der Tiere und dem Bauen von Sandburgen. Und vielleicht erhebt sich der Elch in der Zeit, in der geschaukelt, gerutscht oder im Sand gebuddelt wird.

TIPP

Schuhe aus und den Barfußpfad nahe dem Waldspielplatz laufen!

Im Oberwald ist herrlich viel Platz. Als man zur Bundesgartenschau 1965 im zoologischen Stadtgarten mehr Raum brauchte, zogen einige Tiere im Oberwald ein. Einen schönen neuen Wohnort haben sie hier gefunden, vereinsamen ist unmöglich, ständig kommt Besuch vorbei. Da die einzelnen Gehege mehrere Tausend Quadratmeter groß sind, kommt einem der Tierpark nie überlaufen vor. Der Eintritt ins Gehege ist frei. Manchmal ist die Stadt eben unberechenbar großzügig in ihrem Angebot für die Karlsruher, egal ob Mensch oder Tier – hier können sich alle Glückspilz nennen.

- Tierpark im Oberwald, Wasserwerkstraße, 76137 Karlsruhe-Durlach
- ÖPNV: Straßenbahn 3, Haltestelle Tivoli

Wohnen und Wohlfühlen

34 Ideen finden auf der Messe Karlsruhe

Auf dem Messegelände befinden sich riesige Messegebäude: Vier Hallen und das Eingangsgebäude bieten Platz für Messen, Konzerte oder andere Veranstaltungen. Karlsruhe wächst und damit die Nachfrage nach ganzjährigen Angeboten. „Das Fest“ ist zwar hierzulande eine der größten Open-Air-Veranstaltungen, aber eben ein einmaliges Sommerevent. Und der Karlsruher will mehr!
So traten in der Messe schon Musikgrößen wie Peter Gabriel oder die Fantastischen Vier auf. Auch Boxkämpfe wurden hier schon gezeigt und die Karlsruherin Regina Halmich war zu Gast. Bekannte Sendungen wie die „Show der Naturwunder“ oder auch „Verstehen Sie Spaß?“ fanden hier ihr Publikum. Jährlich pilgern Tausende Besucher zur Offerta, einer der größten Verbrauchermessen in Deutschland. Man kennt sie in Zusammenhang mit Leitthemen wie „Familie und Genuss“ oder auch „Freizeit und Region“ und „Leben und Wohnen“. Äußerst beliebt und bekannt ist die Messe für Moderne Kunst: art KARLSRUHE. Bei der ersten art KARLSRUHE im Jahr 2004 war auch der Kunstsammler Frieder Burda zugegen. Um sich die gezeigte Kunst leisten zu können, muss man allerdings erst einmal Geld verdienen. Hilfreich ist hier für junge Menschen die Abiturientenmesse EINSTIEG Karlsruhe, die regelmäßig auf dem Messegelände stattfindet. Es gibt noch viel mehr Veranstaltungen und auch viele Menschen, die sich das Gebäude nur von außen ansehen. Es macht schon Eindruck, dieses Dach, das wie ein überdimensionierter Regenschutz wirkt. Ein Genuss für die Ohren, bei einem Regenguss im Trockenen zu stehen und dem Tropfentrommeln zu lauschen. Die meisten allerdings gehen natürlich hinein. Manchmal muss man sich etwas durch die Massen kämpfen, aber ein Besuch lohnt sich immer! Die meisten Besucher, die die Messehallen betreten, suchen und finden Ideen fürs Wohnen, Wohlfühlen und Wellnessen und kommen glücklich und mit Ideen bestens gerüstet wieder heraus.

- Messe Karlsruhe, Messeallee 1, 76287 Rheinstetten, Tel. (07 21) 37 20-50 00 www.messe-karlsruhe.de
- ÖPNV: Stadtbahn S2, Haltestelle Messe/Leichtsandstraße

Ruderboot oder Schlittschuh?

35

Auf dem See in der Günther-Klotz-Anlage

Will man sich vom Alltag erholen, aber der Urlaubsbeginn erscheint noch nicht einmal auf dem aktuellen Kalenderblatt, kann man die Möglichkeit der Naherholung nutzen. Wie wäre es mit einem Ausflug an den See in Stadtnähe?

Würde Goethe noch leben, er hätte den Ruderbootsee in der Günther-Klotz-Anlage sicher als ein Idyll bezeichnet. Was hätte der Dichter wohl für Worte aus seinem Kopf unter dem Sonnenhut gezaubert? Welches Bild gemalt, um die Ruhe in der Natur zu beschreiben? Würde er nur am Rand sitzen und schauen, oder würde er sich ein Boot leihen? Denn das kann man hier in den Sommermonaten – über den See fahren und spüren, wie aus Sekunden Minuten und aus Minuten Stunden werden: Zeit verstreichen lassen und das Glück im einfachen Nichtstun finden! Auch bei der kürzeren Mittagspause kann man sich hier wunderbar ausruhen und erholt an den Arbeitsplatz zurückkehren. An freien Tagen nimmt man Familie oder Freunde mit, überlässt das Bootfahren vielleicht einmal den anderen, schließt die Augen und lauscht dem Geräusch, wenn das Ruder ins Wasser taucht und das Holz des Bootes im Fahren knarzt. Auch die Holzbrücke am Ruderbootsee knarzt beim Betreten. Es ist die ehemalige Albbrücke, die auf eine Plattform führt. Dort liegen die Boote an und warten darauf, einem gestressten Menschen als Ruhestifter zu dienen. Wenn der Sommer dann schon lange vorbei ist und es den See selbst nach Besuchern dürstet, gibt er sich manchmal Mühe, zuzufrieren. Um das Vergnügen noch zu steigern, fegen Mitarbeiter des Gartenbauamtes das gefrorene Gewässer täglich. Und was kostet das den Besucher? Nichts! Das einzigartige Ambiente aus Hügellandschaft und Bäumen gibt es obendrauf, so etwas kann eine Kunstlaufeisbahn nicht bieten.

Es braucht so wenig, um die Stimmung zu heben, und Goethe hat es in seinen „Erinnerungen“ auch schon beschrieben: „Willst du immer weiter schweifen? / Sieh, das Gute liegt so nah. / Lerne nur das Glück ergreifen./ Denn das Glück ist immer da.“

TIPP

Stärken kann man sich im Kühlen Krug in der Wilhelm-Baur-Straße 3a, gut zu Fuß erreichbar.

- Ruderbootsee in der Günther-Klotz-Anlage, Hermann-Veit-Straße, 76135 Karlsruhe-Südweststadt
- ÖPNV: Straßenbahn 4, Haltestelle Europahalle/Europabad

Wie Gott auf der Wiese

36

Schloss Gottesaue

Füttert man den Onlineduden mit dem Wort Gottesau, so spuckt er Gotteshaus mit einem Fragezeichen aus. Der Duden kennt weder Gottesau, noch Gottesaue, wie das Schloss von den Karlsruhern genannt wird, wenngleich es – wenn es nach dem Stadtarchiv Karlsruhe geht – Schloss Gottesau heißt. So wurde es von dem Kunsthistoriker Emil Lacroix in einem seiner Werke genannt. Nun, egal, ob man von Gottes Au oder Aue spricht, diese zwei oder drei Buchstaben bedeuten immer auch, dass es neben einem Fließgewässer auch eine Wiese geben muss. Man stellt sich also vor, wie Gott da im Gras liegt, sich seine nackten Füße kitzeln lässt, Blick gen Himmel oder auf das Renaissanceschloss, das dank der Menschen ein wahres Stehaufmännchen ist – oft zerstört, immer wieder aufgebaut, zuletzt rekonstruiert von 1982 bis 1989, also erst vor Kurzem.

Heute beherbergt das Schloss die Hochschule für Musik. Und göttliche Klänge mögen dem ein oder anderen Musiker und Komponisten dank dieser Umgebung garantiert auch gelingen. An einem solchen Ort studieren zu dürfen, ist mit Sicherheit ein Glücksfall. Einst war es übrigens als Lusthaus gedacht, als historischer Ort des Genusses. Beinah historisch kann man die seit 1995 stattfindenden alljährlichen Sommerkinoabende bezeichnen, die von Juli bis September viele Karlsruher begeistern. Dann liegen sie auf der Wiese vor dem Schloss und genießen ganz besondere Filmabende außerhalb eines Kinosaals. An manchen Stellen bieten sich wellige Wiesenflächen sogar an, dem Alltag zu entfliehen und zum Beispiel mit den Leinwandhelden auf hoher See ums Überleben zu kämpfen. Wessen Fantasie so etwas nicht hergeben mag, der nutzt die Wiesenwelle als Rückenlehne, als läge er daheim auf der Couch. Wem aber der Untergrund zu hart oder zu sommerfeucht ist, für den gibt es den bestuhlten Teil. Auch hier kann man seine mitgebrachte Decke nutzen. Dann sitzt oder liegt man da und genießt das Leben, als sei man Gott und läge auf einer Au(e).

- Schloss Gottesaue, Am Schloss Gottesaue 7, 76131 Karlsruhe-Oststadt, Tel. (07 21) 6 62 90
- ÖPNV: Straßenbahn 5, Haltestelle Hochschule für Musik

R(h)ein ins Vergnügen

37 Am Rheinufer entlang

Denkt man an Karlsruhe, denkt man an auch r(h)eines Vergnügen. „Um zu begreifen, dass der Himmel überall blau ist, braucht man nicht um die Welt zu reisen", um Goethe noch einmal zu zitieren. Und er hat recht. Es reicht, wenn man sein Rad schnappt und zum Rhein fährt. Man radelt am Wasser entlang, oft nahe am Wald, manchmal durch Wald hindurch, dessen Schatten spendendes Blätterdach erhitzte Gemüter entspannt. Hochwasserdämme und Auenwälder lassen sich prima fahrend erkunden. Und ein Ausflug an den Rhein ist für die ganze Familie geeignet. Kinder lockt man mit einer Fährfahrt. Mag diese auch nur wenige Minuten dauern, man hat doch das Gefühl, im Urlaub zu sein, wenn man auf dem Wasser ist und von einer auf die andere Seite geschaukelt wird. Von Karlsruhe aus gelangt man mit der Rheinfähre sogar in die Pfalz. So kann man dem Badischen entkommen, wenn einem nach Pfälzer Wein und Saumagen ist. Für Kinder sind die 15 Minuten Überfahrt ein Erlebnis, fast könnte man meinen, sie linsen über die Reling eines großen Schiffes auf dem Meer, man muss es sich nur vorstellen können. Aber auch ohne Fantasie ist dieses Übersetzen die bessere Alternative zur Rheinbrücke, die man im Auto überqueren muss. Da kann man nicht einfach stehen bleiben und mal schauen. Per pedes oder mit dem Rad hat man es leichter. Und leicht hat einen dann die Rheinruhe befallen, das umgebende Grün hoffnungsfroh gestimmt und ein Spaziergang hungrig und durstig gemacht. Ob man lieber auf den Rheinterrassen ausruht oder das Rheinstrandbad, das sogar ein Wellenbecken hat, bevorzugt – Hauptsache, man kann einkehren. Das Rheinwasser selbst kann man nicht trinken, aber den Durst nach Lebendigkeit vermag es zu stillen. Einfach mal Steine übers Wasser hüpfen lassen, die Füße in den Fluss halten, dem Plätschern lauschen oder Schiffe-Raten spielen (Wo kommt es her? Wo fährt es hin?). Am Rhein vergnügen, vergnügt die Seele.

TIPP

Eine Fahrradtour auf dem PAMINA-Radweg Rheinauen, nahezu eben und sehr gut für Familientouren geeignet.

● Rheinufer

Glück auf dem Abstellgleis

38

Deurer's Rintheimer Bahnhöfle

Urig, kuschelig, angekommen – diese Trilogie an Wohlfühlbegriffen findet sich in den Gedanken, wenn man zu Deurer's Hühnerhalt im Rintheimer Bahnhöfle gefunden hat. Ende des 19. Jahrhunderts hatte man hier einen Bahnhof geplant, die Idee aber wieder verworfen. Jetzt steht im Kleingartengelände ein Waggon auf dem Abstellgleis und macht nicht nur Eisenbahnfreunde glücklich.

„Hier ist Herzblut angesagt", sagt Torsten Deurer, selbst ehemaliger Zugbegleiter. „Der Schrotthändler war schon bestellt." Zum Glück konnte der Eisenbahnliebhaber zusammen mit seiner Frau Brita den Vorstand überzeugen, ihnen eine Chance zu geben. Und so kam es 2015 zur Neueröffnung des Restaurants im originalgetreu restaurierten Waggon aus dem Jahre 1928. Damals gehörte er Alexander I., König von Jugoslawien. Einige Jahre später nutzte ihn Konrad Adenauer als Wahlkampfwaggon. Viele wahre Geschichten ranken um diesen Wagen. Am besten lässt man sich die von Torsten Deurer selbst erzählen, während man am Tisch sitzt und draußen rechts und links tatsächlich Züge vorbeifahren. In Abständen, man will ja auch in Ruhe essen und trinken. Das geht im Waggon ganzjährig. In den warmen Monaten gerne draußen im Biergarten; wird es kälter, drinnen im Abteil – bei sehr niedrigen Temperaturen hilft die Heizung unter jedem Sitz. Man hockt gemütlich beieinander und schaut durchs Zugfenster. Sie sind behängt mit bordeauxroten Vorhängen und schaffen Puppenhausatmosphäre. Durch Mitbringsel von Gästen ist dieses besondere Restaurant beinahe ein Museum, Originale wie zum Beispiel ein Fahrplan aus dem Jahr 1862 zieren die Wände. Auf der Fensterbank stehen keine Blumen, es laufen Schienen entlang, auf denen ein Zug fährt, allerdings nur mit Schnaps im Tank.

Während Stuttgart 21 immer noch gebaut wird, brauchten Torsten Deurer und seine Helfer nur ein Jahr, bis es wurde, was es heute ist: Einmalig in Deutschland steht das Glück auf dem Abstellgleis und tut seinen Dienst.

TIPP

Regelmäßig finden hier auch kleinere Events wie Lesungen oder Konzerte statt.

- Deurer's Rintheimer Bahnhöfle, Jagdstraße 1, 76131 Karlsruhe-Rintheim, Tel. (01 51) 65 63 97 29, rintheimer-bahnhoefle.de
- ÖPNV: Straßenbahn 3, Haltestelle Rintheim

Im Westen gibt's Neues

39 Heilige Stätte Kulturzentrum Tempel

Bei Tempel denkt man an eine heilige Stätte. Wenn einem Kultur heilig ist, ist sie im Westen der Stadt im Kulturzentrum Tempel richtig aufgehoben. Musikkultur, Tanzkultur und Kunstkultur werden in dem denkmalgeschützten Gebäude großgeschrieben. Es steht im Stadtteil Mühlburg und ragt heraus. Wie so oft in Karlsruhe wurde auch hier restauriert und erhalten, was dem Tempel als Veranstaltungsort Authentizität verleiht – sei es bei Kammermusik, Jazzkonzert oder auch im Theater, was alles in der Scenario Halle, dem Kernstück des Hauses, zu sehen ist. Die Technik ist auf dem neuesten Stand, sie ist flexibel wie das Fähnchen im Wind, und das ganz ohne negativen Beigeschmack. Dem Erhalten gegenüber steht das Erschaffen. Hinter dem Kulturzentrum Tempel steht der Kulturverein Tempel e. V., im Vordergrund steht das soziokulturelle Zentrum. Hier kommt man zusammen, nicht nur beim jährlich stattfindenden Festival „Tanz in Karlsruhe". Getanzt wird außerordentlich viel. Modern Dance, Jazzdance, Stepp, klassisches Ballett, Flamenco, Kinderballett, Tango Argentino und Swing. Vielleicht erst mal zuschauen? Dann ab zur Langen Nacht der kurzen Stücke. Hier zeigt sich die regionale Tanzszene. Da kann man sich gar nicht sattsehen an dem, was so ein tanzender Körper alles kann. Also am besten selbst ausprobieren – das Sprechen mit dem Körper. Man vergisst, dass dem Menschen mehr als nur das Sprachorgan Mund zur Verfügung steht, um sich auszudrücken. Oder wie wär's mit Malen? In den Tempelateliers sind schon Bilder entstanden, die es später auf der art KARLSRUHE zu sehen gab.

Einst stand auf diesem Gelände die Seldeneck'sche Brauerei. Es war die älteste Brauerei Karlsruhes, 1770 durch den Bruder des späteren Großherzogs Karl Friedrich von Baden, nämlich Prinz Wilhelm Ludwig, gegründet; vor beinahe 100 Jahren wurde sie geschlossen. Und heute kann man mit dem Kulturzentrum Tempel zu Recht sagen: Im Westen gibt's immer wieder Neues.

- Kulturzentrum Tempel, Hardtstraße 37a, 76185 Karlsruhe-Mühlburg, Tel. (07 21) 55 41 74, www.kulturverein-tempel.de
- ÖPNV: Straßenbahn 3, Stadtbahn S2, S5, S51, Haltestelle Entenfang

Hügelglück

40

Mount Klotz – er lebt

In den Siebzigerjahren hat man ihn künstlich aufgeschüttet, nicht ahnend, dass er einige Jahre später gleich viele Tausende Menschen auf einmal glücklich machen würde – der Mount Klotz.
Klotz – er ist viel schöner als dieses Wort klingt, der Hügel – ein Berg für Karlsruher Verhältnisse –, von dessen „Gipfel" aus man die Welt erspähen kann. Oder doch nur bis auf die Bühne zu Füßen des kleinen Mount, die alljährlich im Sommer für „Das Fest" hier aufgestellt wird. „Einmal am Mount Klotz spielen, danach kannst du eigentlich sterben!", soll der Musiker Joris („Herz über Kopf") nach seinem Auftritt gesagt haben und meinte wahrscheinlich, dass man dort so viele Glücksmomente erlebt, dass sie für ein Erdenleben ausreichen. Dem schließen sich sicher viele Künstler an, die in den letzten 30 Jahren das Vergnügen hatten, vom Bühnental aus auf den menschenbestückten hüpfenden Hügel sehen zu können. Wie bunte Halmasteine bewegen sich Festbesucher auf ihrem Spielbrett Mount Klotz, dessen Namen sie selbst kreiiert haben, und geben die Wärme, die im besten Fall von der Sonne gesandt wird – andernfalls von Scheinwerfern abgegeben – gleich wieder an ihre Mitmenschen ab.

TIPP

Mal die Perspektive in der Anlage wechseln und Boot auf dem See fahren.

Wem das zu heiß ist, der besucht den Mount Klotz gerne zur Winterzeit, wenn Petrus den Menschen wohlgesinnt Schnee spendiert, sodass der Mount Klotz zum Rodelhügel wird und nicht nur Kinder beglückt. Wie das große Glück funktioniert, sieht man, wenn die Kleinen zusammen mit den Großen auf einem Schlitten jauchzend den Hügel hinabsausen. Wer auch dem nichts abgewinnen kann, der besucht den Mount Klotz, wenn weder Schnee noch Abertausende Menschen sein Graskleid zerdrücken. Ein Spaziergang im Frühling und von hier oben bestaunen, wie sich bunt Blühendes zwischen den Grashalmen hervortraut. Oder ein Windbad im Herbst … Wie man sein Gipfelglück erreicht, sei jedem freigestellt.

- Mount Klotz in der Günther-Klotz-Anlage, Hermann-Veit-Straße, 76135 Karlsruhe-Südweststadt
- ÖPNV: Straßenbahn 4, Haltestelle Europahalle/Europabad

2

Regional, sozial, genial

41

Kulturküche Karlsruhe

Die besten Partys finden immer in der Küche statt. Sind diese im Privaten, was die Räumlichkeiten betrifft, eher zu Stehpartys verdammt, so bietet die Kulturküche ausreichend Sitzmöbel. Diese sind nicht etwa nur zweckmäßig, nein, einige scheinen Generationen überdauert zu haben. Die Vorstellung, man sitzt auf einem Stuhl, der früher an einem Tisch stand, um den sich Großfamilien scharten, die sich beim gemeinsamen Mahl austauschten, stimmt den Besetzer fröhlich. Das Leben in der Kulturküche ist bunt wie die Stühle im Außenbereich. Die gereichte Kost ist regional, saisonal, unverpackt, vegetarisch und vegan. Wer kann sich all das schon auf die Fahnen schreiben? Und woher kommen die unrunden Preise? 7,29 € für eine Gemüselasagne? Die Erklärung liest man auf einer Tafel, abgerechnet wird nach dem Selbstkostenprinzip. Betrieben wird die Kulturküche von wenigen Haupt- und vielen Ehrenamtlichen. Und zwar im historischen Seilerhäuschen Baujahr 1723 in der Karlsruher Innenstadt gegenüber des KIT Campus Süd. Viele Studenten trifft man am Mittagstisch, aber auch Geschäftsleute und Familien. Wenn's schmeckt, spricht sich das eben rum. Kostengünstig ist es obendrein, Leitungswasser ist wie Brot umsonst, andere Getränke bezahlt man auf Spendenbasis. Auf die Teller kommt auch immer eine Portion gute Laune, die man den Mitarbeitern anmerkt. Plus Gesellschaft, in der es sich einfach besser isst, weil man nicht alleine ist wie so viele Menschen heutzutage. Selbst begreift sich die Kulturküche als Ort, an welchem entscheidende Zahnräder einer wünschenswerten Gesellschaft ineinandergreifen, wie Demokratieentwicklung, Bürgerbeteiligung und ein nachhaltiger Umgang mit Ressourcen. Projektträger ist der gemeinnützige Verein Lobin Karlsruhe e.V. Grün, natürlich und gesund – das, was sich viele Menschen wünschen, wird hier geboten. Darüber hinaus ernährt die Kulturküche ihre Besucher auch mit Kultur, seien es Lesungen, Konzerte oder Kunstprojekte. Hier werden Körper, Geist und Seele satt.

TIPP

Kulturküche unterstützen, Hinweise gibt es auf der Homepage.

● Kulturküche Karlsruhe, Kaiserstraße 47, 76131 Karlsruhe, Tel. (07 21) 96 31 14 87
www.kulturkueche-karlsruhe.de
● ÖPNV: Straßenbahn 1, 2, Stadtbahn S2, S4, S5, S7, S8, S51, U-Bahn-Haltestelle Kronenplatz

Holzhaus mit Seeblick

42

Am Erlachsee im Oberwald

Nordic Walking, das kann man auch im Süden betreiben, wettertechnisch gesehen besser sogar in Süd- als in Norddeutschland. Eine Runde um den Erlachsee gefällig? Nein, besser zwei … oder drei … oder vier. So groß ist die Runde ja nicht. Der See sei wichtig für Eisvögel, Zwergtaucher und andere durchziehende Arten und Wintergäste. Sind da wirklich nur Vögel gemeint? Oder auch die Art Mensch, die gerne Sport in der Natur treibt? Diese Art ist hier nämlich stark vertreten, mal einzeln, meistens aber in Gruppen. Nordic-Walking-Stöcke klicken über den Kiesweg, Walker-Münder gehen auf und zu, denn auch das Sprachorgan will trainiert werden. Gymnastikgruppen machen Übungen im Freien und genießen die frische Luft am Erlachsee.

Entstanden ist dieses schöne Fleckchen vor vielen Jahren, als man hier noch gebaggert hat, um Kies und Sand für den Autobahnbau zu gewinnen. Heute ist es Naturschutzgebiet und ein Eldorado für bedrohte Tier- und Pflanzenarten und Naturliebhaber gleichermaßen. Zu sehen gibt es zum Beispiel die gefährdete Teichrose. Man kann sie direkt beim Haus am See erblicken. Ein kurzer Weg führt einen zur Holzhütte mit den Seeblickschächten – ein Ornithologenhaus. Es fängt einen mehr oder weniger ab, denn eigentlich würde die kurze Strecke dorthin bei entsprechenden Temperaturen dazu einladen, loszusprinten, um in den See zu springen. Gut, wenn der Ornithologe gerade vor Ort ist und man ihm in die Arme läuft. Bestimmt erklärt er einem, was nur der Fachmann über die seltenen Tiere und Pflanzen weiß. Das nächste Mal nimmt man dann einen Zuhörer seiner Wahl mit und gibt das Erlernte weiter. So wie auch das Glück sich bekanntermaßen vermehrt, wenn man es teilt, so macht es auch doppelt schlau, wenn man sein Wissen mit anderen teilt. Getreu nach dem Motto: Geteiltes Wissen ist doppelte Freude/ist doppeltes Glück. Außerdem ist es im wahrsten Sinne des Wortes erfrischender, an der gesunden Luft zu lernen als aus Büchern.

- Erlachsee, 76199 Karlsruhe-Durlach (Zugang über den Erlachseeweg)
- ÖPNV: Straßenbahn 2, 8, Bus 24, 44, Haltestelle Zündhütle

Naturschutzgebiet

WaldWelt im Bergwald

43 Beine und Seele baumeln lassen im WaldGugg

Lust auf einen Waldbesuch, der Groß und Klein erholt? Die Kleinen vom Großwerden und die Großen vom Alltag. Dann ist man auf dem 2021 neu gestalteten Erlebnisrundgang WaldWelt im Stadtwald zwischen Durlach und Hohenwettersbach genau richtig. Der Pfad ist nur 3,2 Kilometer kurz, sorgt aber durch vielfältige Themen, die es zu entdecken gibt, für eine spannende Länge. Unterhalten wird man dabei vom Maskottchen Diane Dachs. Sie ist nette und kindgerechte Erzählerin, die alle Besucher über 17 äußerst interessante Stationen begleitet. Zu dieser Ehre kam der Dachs, weil er hier im Bergwald kein Unbekannter ist. Umweltdezernentin Bettina Lisbach berichtet, die Förderung vielfältigen und kreativen Spielverhaltens seien im Mittelpunkt der Planung gestanden. Und kreativ ist er allemal, dieser Pfad, der zum Beispiel einen ganz anderen Mathematikunterricht bietet. Denn an einer Station lernt man ohne Hilfsmittel wie Metermaß, Papier und Stift zu schätzen, wie hoch ein Baum wird. Schon die Kleinsten erfahren hier, dass der Wald als Wasserspeicher sehr wichtig für uns Menschen ist. Am Inforad kann man drehen, um die vorkommenden Vogelarten kennen zu lernen. Besichtigen kann man zudem eine Schadensfläche des Orkan „Lothar", der im Dezember 1999 auch im Bergwald wütete. Inzwischen entsteht hier neuer Wald. Spielerisch geht es zu, wenn man sich im Weitsprung übt, wohltuende Klänge bietet der Klang-Garten mit Baumtelefon. Wer seine Freunde angerufen und herbestellt hat, vergnügt sich mit ihnen auf dem Spielplatz. Ohne Zweifel ist das Damwildgehege ein dazugehöriges Highlight, hier kann man Tiere schauen, sollte ein anderer Höhepunkt – der „WaldGugg" – gerade belegt sein. In diesem „Himmelbett" schaukelt man, lässt Beine und Seele baumeln und genießt einen grandiosen Blick auf Durlach. Augen schließen ist aber auch erlaubt! Kurzer Weg und lange Wirkung, das ist Entschleunigung pur in der WaldWelt Bergwald.

- WaldWelt, 76228 Karlsruhe, https://ka.stadtwiki.net/Waldlehrpfad_WaldWelt
- ÖPNV: Bus 24, Haltestelle Hohenwettersbach Medersbuckel, Straßenbahn 2, Haltestelle Zündhütle

Ein Lächeln fürs Multikulti

44

Der Indianerbrunnen

Die Geschichte zur Erbauung des Indianerbrunnens auf dem Werderplatz hat durchaus etwas sehr Komisches, denn sie beginnt mit der Toilette, die noch in den Zwanzigerjahren mitten auf dem Platz stand. Zu dieser Zeit konnte man sie nicht einfach ins Unterirdische verlegen, da die Abwasserkanäle dort nicht tief genug waren. Man suchte dringend nach einer Lösung, das stille Örtchen vom Platz verschwinden zu lassen, und so schlug der Stadtbaudirektor Friedrich Beichel vor, einen Brunnen darauf zu erbauen. Der Bildhauer August Meyerhuber erschuf eine Skulptur und gab ihr zwei Gesichter: Indianergesichter. Auf der Seite, die der Johanniskirche zugewandt ist, ist ein Indianergesicht mit ernster Mimik zu sehen, das lächelnde, freundliche Gesicht blickt in Richtung des Wirtshauses Wolfbräu. Bestimmt säße Friedrich Beichel heute auch gerne im gut besuchten Gasthaus, um das lächelnde Gesicht zu betrachten, das sein eigenes zeigt. Die Idee, eine Skulptur mit Indianergesichtern zu erschaffen, hatte Beichel vermutlich, als der Zirkus Krone mit einem Gastspiel von Buffalo Bill zu Besuch in Karlsruhe gewesen war.

TIPP

Im Wirtshaus Wolfbräu wird passend auch Indianerbock ausgeschenkt.

Der kastanienbaumbestückte Werderplatz zaubert einem aber auch selbst schnell ein Lächeln aufs Gesicht. Dreimal die Woche ist hier Markt, Kneipen und Cafés laden ein, der Zuckerbecker ist nicht weit. Es gibt türkische Geschäfte und um die Ecke Feinkost Luca's mit italienischen Spezialitäten. Unverzüglich meint man, nicht mehr in Karlsruhe zu sein. Am Werderplatz lässt es sich an jeden Ort der Welt denken und trotzdem fühlt man sich da, wo der Indianer lächelt, zu Hause: inmitten des multikulturellsten Teils der Stadt, in dem viele Sprachen gesprochen werden. Damit steht der Indianerbrunnen als Symbol für das Miteinander in der Südstadt genau richtig. Jeder kennt ihn. Im Wappen dieses Stadtteils hat er ebenfalls einen Platz gefunden. Und jeden, der sich vom multikulturellen Leben des Platzes verzaubern lässt, lächelt der Indianer an.

- Indianerbrunnen, Werderplatz, 76137 Karlsruhe-Südstadt
- ÖPNV: Straßenbahn 3, Haltestelle Werderstraße

45 Im Museum für Naturkunde

Findet Nemo. Was für ein wunderbarer Film über Liebe, Freundschaft, Verlieren und vor allem Wiederfinden. Fragt man heute ein Kind, ob es lieber vor dem Fernseher sitzen oder ins Museum gehen möchte, so erhält man wahrscheinlich die befürchtete Antwort: „Ich will fernsehen." Man kann es aber auch fragen, ob es statt von fern den echten Nemo von ganz nah sehen möchte. Es sind allerdings nicht nur Clownfische im Aquarium, die man im Vivarium des Naturkundemuseums Karlsruhe bewundern kann.

Sehr beeindruckend ist das Großaquarium mit Deutschlands größtem lebenden Korallenriff und dem Schwarzspitzenriffhai Karla. Und die Dauerausstellung „Form und Funktion – Vorbild Natur" lädt auf einen Streifzug zu genialen Erfindungen der Natur ein. Die facettenreiche Welt der Insekten lässt gar Hitchcocks *Vögel* harmlos erscheinen. Nicht weniger furchteinflößend steht plötzlich der König der Savanne – der Löwe – so lebensecht vor einem, dass man sein Brüllen fast zu hören glaubt. Hören können einen wenige Augenblicke später vielleicht die anderen Museumsbesucher aber ganz real, wenn man einen Schrei ausstößt und davonrennt, weil man der präparierten Hausmaus nicht ansieht, dass sie einem nicht mehr unter das Hosenbein kriechen kann.

TIPP

Den nächsten Kindergeburtstag im Naturkundemuseum feiern.

Zum Abschluss vielleicht in die Welt der Dioramen aus den Sechzigerjahren eintauchen, hier sorgen eine Wildschweinfamilie, eine Gämse und Steinböcke in den Alpen durch Heimatfilmkulisse für eine ganz friedvolle Atmosphäre. Vielleicht auch die Dauerausstellung „Form und Funktion – Vorbild Natur" besuchen und im nächsten Abenteuer vor einem Eisbären fliehen? Wer runterkommen will, stellt sich einfach vor das Quallen-Aquarium und lässt sich einlullen vom Auf und Ab der glitschigen, tellergroßen Gebilde im Wasser. Wer es aufregender mag, stellt sich auf den Erdbebensimulator und lässt sich kräftig durchschütteln. Aber nur, wenn keiner ruft: „Wo ist denn jetzt Nemo?", und man suchen helfen muss.

- Staatliches Museum für Naturkunde Karlsruhe, Erbprinzenstraße 13, 76133 Karlsruhe Innenstadt, www.smnk.de
- ÖPNV: Stadtbahn S1, S2, S5, S11, S51, Straßenbahn 1, U-Bahn-Haltestelle Marktplatz

NATURKUNDE
MUSEUM

Einmal Tarzan sein

46

Im Waldseilpark Karlsruhe

Einmal Tarzan sein und sich von Liane zu Liane schwingen, das wäre doch mal was. Im Waldseilpark Karlsruhe-Durlach ist das möglich. Auf zwölf Parcours von weiß bis schwarz kann man sich hier in unterschiedlichen Höhen ausprobieren – wie Tarzan. Und das schon von klein auf, denn es gibt einen Kleinkinderparcours ab vier Jahren mit richtiger Plattform und am Ende eine Fahrt auf dem Bobbycar, da wäre Tarzan sicher neidisch gewesen. Beherrscht man den, muss man warten, bis man sieben Jahre alt ist, um im wahrsten Sinne des Wortes aufzusteigen. Allerdings bietet der nahe gelegene Waldspielplatz so viel – diverse Rutschen, kleine Kletterwände und -türme, Sandflächen und Reifenschaukeln –, dass man schon die nächsten drei Jahre hier verbringen könnte, zumal es ausreichend Bänke und Baumschatten für Eltern und Großeltern gibt.

Ab sieben Jahren hat man dann gleich mehrere Parcours zur Auswahl, beneidet aber vielleicht die Älteren trotzdem, weil sie nicht nur den gelben, hellblauen, orange-, pink- und lilafarbenen Parcours klettern dürfen, sondern auch noch den braunen, grünen und blauen ab 13 Jahren – und natürlich den schwarzen ab 16. Dafür ist man als Kind wendiger und hat es zum Beispiel leichter, in 4 Metern Höhe durch eine Holzröhre zu kriechen. Dafür beneiden die Eltern sicher manchmal die Kinder, weil sie beweglicher sind und den oftmals nötigen Spagatschritt, der wichtig ist, um vorwärts zu kommen, besser beherrschen. Und weil der Spaß so groß ist und das Sausegeräusch der Seilrutsche beinahe wie ein Tarzanschrei in Leise klingt, erscheinen einem die 100 Meter Sausespaß doch zu kurz und man möchte am liebsten noch einmal. Aber das ist ja zum Glück nicht die einzige Attraktion hoch oben im saftigen Grün, das einen denken lässt, man sei in Tarzans Wäldern. Aber dort gäbe es kein Skatebord, auf dem man von Baum zu Baum fahren könnte, und kein Netz, das einen auffinge. Und Zuschauer gäbe es schon dreimal nicht. Tarzan sahen nur die Affen zu, mit denen er lebte. Die gibt es hier nicht, oder doch?

● Waldseilpark Karlsruhe, Jean-Ritzert-Straße, 76227 Karlsruhe-Durlach (neben dem Waldspielplatz), Tel. (0 15 78) 1 65 99 29, www.waldseilpark-karlsruhe.de
● ÖPNV: Straßenbahn 1, 8, Haltestelle Durlach-Turmberg, weiter mit der Turmbergbahn, dann 5 Minuten zu Fuß

Wasser vom Meeresgott

47

Neptunbrunnen spendet Trinkwasser

Sehr wach schaut der Meeresgott Neptun einen an. In den Sommermonaten läuft ihm das Trinkwasser aus dem Mund, und man könnte meinen, er streckt einem dabei die Zunge heraus. Vielleicht tut er das auch – denen die Zunge herausstrecken, die ihn bemalt haben. Und wahrscheinlich lächelt er dabei, denn dass er bemalt wurde, heißt ja nur, dass er Besuch hatte. Wer bekommt den schon in so hohem Alter? Im Jahr 1801 wurde der Neptunbrunnen erschaffen. Einst war er der Mittelpunkt einer unterirdischen Grotte, wurde aber 1866 verlegt, denn auch damals wurde schon viel gebaut in Karlsruhe. Mit dem Brunnen musste auch Neptun den unterirdischen Durchgang, der die Gartenanlage unterhalb der Erbprinzenstraße in Ost und West miteinander verband, verlassen. Schluss war es mit der Ruhe in der Dunkelheit! Seit 1867 befindet sich der Neptunkopf nun in der Umfassungsmauer des ehemaligen Hofwasserwerks am Ahaweg. Hier erblickte Neptun das zweite Mal das Licht der Welt. Denn nicht nur seine Quelle war längst versiegt, sondern obendrein sein Gesicht bedeckt von wild wucherndem Naturgewächs, bis sich die Karlsruher Stadtwerke seiner annahmen.

TIPP
Ein Besuch in der Majolika Manufaktur, die sich um die Ecke befindet.

Ursprünglich hatte der Erbprinz Karl Ludwig den Architekten Friedrich Weinbrenner, dem die Karlsruher viele Bauwerke zu verdanken haben, mit dieser Arbeit beauftragt. Beide haben wohl nicht damit gerechnet, dass der Meeresgott einen Platz oberirdisch finden würde. Sicher ist er froh, dass er auftauchen durfte, um Wasser zu spenden. Er freut sich heute über Besucher, die im Schlossgartenpark spazieren gehen und ihre Erfrischung nicht im Gepäck haben. Dann kann er die oft unterschätzte, aber immerhin lebensnotwendige Flüssigkeit – Wasser – spendieren. Geben macht glücklich. Und so ist jeder dazu aufgefordert, sich an diesem kostbaren Gut, das nicht überall auf der Welt den Göttern aus dem Mund läuft, zu bedienen. Wenn der Wassergott höchstpersönlich den Durst löscht, kann man sich schon mal bücken. Der Neptunkopf verlangt diese Demut zu Recht.

● Neptunbrunnen, 76131 Karlsruhe Innenstadt (40 Meter nördlich des Ahawegs zwischen Teutschneureuter Allee und Kurzer Allee)
● ÖPNV: Bus 73, Haltestelle Linkenheimer Tor

165 Stufen zum Glück

48

Der Schlossturm des Badischen Landesmuseums

Mühsam gelangt man im Leben von einer Stufe zur nächsthöheren. Laufenlernen, Pubertät, Erwachsensein – um nur wenige zu nennen. Weniger mühsam erklimmt man die 165 Stufen zum Schlossturm, gibt es doch auf der verhältnismäßig kurzen Strecke genügend Sitzgelegenheiten, sodass auch Menschen, die nicht so gut zu Fuß sind, es schaffen können. Nur die Sofas und Sessel, die den Weg zum Aufgang säumen, darf man nicht nutzen, es sind Ausstellungsstücke, die das Leben einer vergangenen Zeit zeigen. Auch eine Wiege aus dem frühen 19. Jahrhundert ist zu sehen. Vermutlich lag eines der Kinder von Großherzog Karl und Großherzogin Stephanie darin.

Der eigentliche Turmaufstieg beginnt hinter einer weißen Tür auf grau melierten Treppenstufen, die sich kurvig eng Richtung Ziel winden. Fast schon oben kann man im Turminnern rundherum durch Fenster schauen und überlegen, ob man die letzten Stufen nach ganz oben nimmt, von wo aus man ins Freie gelangt. Entscheidet man sich dafür – vielleicht, weil die letzten Meter auf attraktiven Holzstufen zurückzulegen sind, die sich wie eine bunte Papierschlange nach oben schlängeln –, begrüßt man die Welt dort droben draußen tatsächlich mit einem fröhlichen Aufatmer. In einer Höhe von ungefähr 42 Metern hat man hier nun den Überblick, den Panoramablick über die Stadt bis hin zum Schwarzwald und die Pfälzer Berge. Ein Entweder-oder-Blick, wie im Leben: entweder der Blick über die Dächer der Stadt oder über bewaldetes Grün – entweder auf das Bundesverfassungsgericht und die Stadt oder den Schlosspark mit seinem Ententeich.

Wie klein erscheinen einem all die Menschen von hier oben, wie groß die Welt, in der sie zu Hause sind. Der eine mag zum Wildparkstadion sehen, der andere blickt auf den blauen Strahl Majolikafließen – 1645 an der Zahl –, der vom Schlossturm zur Manufaktur quer durch den Schlossgarten führt. Vom Schlossturm aus hat man kurz eine weite Sicht auf die Dinge – kein Wunder, dass es so manch einen schwindelt!

TIPP

Zum besonderen Anlass Gartensaal und Turmzimmer des Schlosses mieten.

● Schlossturm, Badisches Landesmuseum, Schlossbezirk 10, 76131 Karlsruhe Innenstadt, Tel. (07 21) 9 26-65 14, www.landesmuseum.de
● ÖPNV: Stadtbahn S1, S2, S5, S11, S51, Straßenbahn 1, U-Bahn-Haltestelle Marktplatz

Alterswohnsitz für Wolken

49

Streuobstlehrpfad Wettersbach

Dieser Lehrpfad ist ein Wohlfühlpfad! Vorzugsweise läuft man ihn im Frühling zur Blütezeit. Es kann passieren, dass einen als Erstes Schmetterlinge begrüßen. Manch einer traut sich sogar, sich auf den Rand der Sonnenbrille zu setzen. Eichhörnchen flitzen über Baumäste, viel zu schnell, als dass man sie fotografieren könnte. Weiße Wattewolken wohnen am Himmel, als sei das ihr Alterswohnsitz und sie wollten nicht mehr weiterwandern. Wieso auch, wenn sie das Bild hier vervollkommnen können. Nach dieser netten Begrüßung startet man seinen Spaziergang über den Streuobstlehrpfad. Er ist mit zwölf Tafeln bestückt, die einem alles Wissenswerte über Streuobstwiesen vermitteln. Viele Tier- und Pflanzenarten sind auf den Lebensraum Streuobstwiese angewiesen. Hier oben geht es lärmarm, dafür artenreich zu. Zu Hause sind hier der Steinkauz, der Neuntöter, der Hermelin und die Fledermaus. Zu Füßen der Apfelbäume wachsen Pilze. Das Klima hier oben ist sehr angenehm. Wer im Hochsommer der Schwüle in der Rheinebene entkommen möchte, findet hier einen wunderbaren Spazierweg, auf dem er zudem noch etwas lernen kann. Man lernt ja nie aus. Hier kann man sich einmal bewusst machen, wie vielen Lebewesen so ein Baum von Nutzen ist. Denn nicht nur Bienen, Hummeln und Schmetterlinge erfreuen sich am Nektar der Blüten. Vögel finden in Höhlen Nistplätze, selbst Blätter geben Nahrung, es bedienen sich die Insektenlarven. Jedenfalls so lange, bis vielleicht eine Meise sie frisst. Menschen lassen sich lieber Äpfel und Birnen schmecken. Oder sie genießen Apfelsaft, den Most oder Obstler. Das Schöne ist, dass man dazu beitragen kann, dass dieser Genuss nicht endet. Es bedarf gar nicht viel, um das zu erreichen. Regional einkaufen, viel mehr ist es nicht.

Gut gestärkt und mit neuem Wissen bereichert hat man bestimmt Lust bekommen auf eine Wanderung über den Rundwanderweg in Richtung Funkturm, oder man läuft einfach nach Grünwettersbach zurück.

TIPP

Eine Patenschaft für einen Baum übernehmen!

- Streuobstlehrpfad Wettersbach, Rötlingweg, 76228 Karlsruhe-Grünwettersbach
- ÖPNV: Bus 27, 47, Haltestelle Grünwettersbach Rathaus

In guter Verfassung

50 Das Bundesverfassungsgericht

Glücklich ist, wer in einem Land mit einer ordentlichen Verfassung lebt. Noch glücklicher ist der Karlsruher, der das Bundesverfassungsgericht, das über die Einhaltung der Grundrechte wacht, direkt vor der Haustür hat. Hoheitsvoll nah beim Schloss fällt es auf, weil es so gar nicht barock ist. Der Berliner Architekt Paul Baumgarten wollte mit der offenen Bauweise die demokratische Transparenz ausdrücken, was ihm durchaus gelungen ist, scheint der Beton doch nur um viele Fenster drum herum gebaut zu sein. Einblick wird gewährt. Was mag man von innen für einen Ausblick haben? Aus einem Fenster sieht man das Schloss, aus dem anderen erspäht man den botanischen Garten und aus dem nächsten lacht einen eine wunderschöne Winterlindenallee an. Egal, aus welcher Fensterfront man hinaussieht; egal, in welche man hineinschaut, es ist ein schöner Blick, den man hat.

TIPP
Rechtzeitig anmelden und einer Verhandlung beiwohnen.

Einst stand hier das Hoftheater, und wenn man das Bundesverfassungsgericht beinah allabendlich in den Nachrichten erblickt, so mag man manchmal denken: „Was für ein Theater" – je nachdem, über was verhandelt und entschieden wird. Von Bedeutung ist allerdings nicht was, sondern dass gesprochen wird. Dem Karlsruher ist es vielleicht gar nicht bewusst, was er da direkt vor Augen hat. Eine Instanz, die nichts weniger als die Durchsetzung der Grundrechte zur Aufgabe hat. Als Kontrast erscheint einem da die Schlichtheit des Gebäudes, das Kinder leicht aus Duplosteinen nachbauen könnten, sie brauchen nur genug, um die fünf Bauteile zu verbinden. Einst war das Bundesverfassungsgericht im PrinzMaxPalais beherbergt, in dem der Namensgeber Prinz Max von Baden Anfang des 20. Jahrhunderts wohnte, doch bald wurde es zu klein für all die Aufgaben, die ein Gericht so hat. Im „Baumgarten-Bau" ist genug Platz für all die Entscheidungen und Entscheidungsträger. Und platzt einem auch manchmal der Kragen, wenn man als Zuschauer mit dem Ergebnis nicht einverstanden ist, so weiß man doch, dass hier nicht leichtfertig Recht gesprochen wird.

- Bundesverfassungsgericht, Schlossbezirk 3, 76131 Karlsruhe Innenstadt
www.bundesverfassungsgericht.de
- ÖPNV: Stadtbahn S1, S2, S5, S11, S51, Straßenbahn 1, U-Bahn-Haltestelle Marktplatz

Hier steh ich, also bin ich

51

Die Hirschbrücke in der Südweststadt

Sie ist ein Hingucker, die Hirschbrücke, das Wahrzeichen der Karlsruher Südweststadt. Erbaut wurde sie von Hermann Schück zwischen 1889 und 1891. „Hier steh ich, also bin ich" würde sie wohl sagen, sie – über die drei Bahnlinien führten: Karlsruhe–Maxau, Karlsruhe–Neureut, Graben–Neudorf und die Verbindungsstrecke von Ettlingen zur Maxaubahn. Sie sollte auch schon abgerissen werden. „Nicht mit uns", dachte sich da der Bürgerverein der Südweststadt und wusste das glücklicherweise zu verhindern. Es mag ja sein, dass die Brücke nach der Verlegung des Hauptbahnhofs eigentlich ausgedient hatte, denn um zwei Straßen (die Mathy- und die Jollystraße) sowie die Straßenbahngleise zu überbrücken, wäre es auch eine Nummer kleiner gegangen. Aber wozu? Ausgedient heißt nicht wertlos. Da muss man nur mal einen Flohmarkt besuchen, dann weiß man das. Aber man kann von Glück reden, dass die Hirschbrücke für einen Flohmarkt wahrlich nie infrage kam und kommt.

Gusseisernes Grün harmoniert mit Buntsandstein. Der Leuchtkopf der Laternen erscheint wie riesige Glasaugen, die paarweise über die Schönheit wachen, der als Zugabe viele Bäume an die Seite gestellt wurden. Und natürlich weiß hier ein jeder, dass die Hirschbrücke oft als Filmkulisse für den Ludwigshafener Tatortdreh mit Lena Odenthal zum Zug kommt, ohne dass hier noch einer fährt. Dabei kann man sich beim Überqueren oder Drunterdurchlaufen Schöneres als eine im Tatort übliche Täterjagd vorstellen und einbilden, zum Beispiel Pariser Herrlichkeiten zu bewundern und großstädtische Luft zu atmen. Nicht zuletzt haben Sanierungsarbeiten das möglich gemacht. Und dann gibt es hier noch den Sonntagsplatz, der durch die Hirschbrücke geteilt wird. Er beherbergt einen Spielplatz und den Zwerg-Nase-Brunnen. Wer hier sitzt und ruht, der sieht seinen eigenen Film, ganz ohne offiziellen Dreh. Das ist dann weder vorgestellt noch eingebildet, das ist echtes Wohlfühlen mitten in der Stadt, das ist Dasein im Hier und Jetzt: „Hier sitz ich, also bin ich."

TIPP

Ein Besuch auf dem alljährlich stattfindenden Hirschbrückenfest.

- Hirschbrücke, Hirschstraße, 76137 Karlsruhe-Südweststadt
- ÖPNV: Straßenbahn 3, Stadtbahn S12, Haltestelle Mathystraße

Kunsthäppchen und mehr

52 Städtische Galerie

Wer an moderner und zeitgenössischer Kunst interessiert ist, besucht am besten die Städtische Galerie Karlsruhe. Sie befindet sich wie das ZKM in einem der größten Industriedenkmäler Deutschlands. Zu sehen bekommt man Malerei und Fotografie, aber auch Plastiken, Objekte und Papierarbeiten. Von sich selbst sagt die Städtische Galerie, es sei der Dialog von zeitgenössischer Kunst und historischen Positionen sowie die Verbindung von lokalem Charakter und internationaler Gegenwart, die das unverwechselbare Profil des Museums ausmachen. Geboten wird hier für kleines Geld viel. Sei es eine Kinderwerkstatt, seien es offene Workshops oder öffentliche Führungen durch die Sonderausstellungen. Zudem gibt es die „Kunst nach Feierabend", die „Kuratorinnenführungen", die Hintergründe zu den aktuellen Ausstellungen erläutern oder die „Kunsthäppchen", zu denen zweimal im Monat geladen wird. Hier soll es zum Kunstgespräch über ausgewählte Werke aus der Sammlung oder der aktuellen Sonderausstellung kommen. Und einmal im Monat wird – in Zusammenarbeit mit der VHS Karlsruhe – der interkulturelle Eltern-Kind-Workshop veranstaltet. Dieser ist sogar kostenlos! Mit diesen Angeboten erreicht die Städtische Galerie ihr Ziel: Sie möchte ein lebendiger Ort für kreative Ansätze von Kunst und Kunstvermittlung sein, an dem Menschen zusammenkommen, sich austauschen und Neues entdecken. Um für sich Neues zu entdecken, liest man vielleicht einmal die Titel der ausgestellten Bilder nicht und erfindet selbst einen. Stimmt er mit dem vom Künstler vorgegebenen überein? Versteht man das Kunstwerk, vor dem man steht? Muss man das? „Kunst wird erst dann interessant, wenn wir vor irgendetwas stehen, das wir nicht gleich restlos erklären können", sagte Christoph Schlingensief. Also macht man sich nichts draus, wenn man Bilder nicht begreift – die Fantasie regen sie allemal an, dafür sorgt das reichliche Angebot der Städtischen Galerie. Freitags ab 14.00 Uhr ist der Eintritt sogar frei!

- Städtische Galerie Karlsruhe, Lorenzstraße 27, 76137 Karlsruhe, Tel. (07 21) 1 33 44 44, galerie.karlsruhe.de
- ÖPNV: Straßenbahn 2, Haltestelle ZKM, Straßenbahn 5, Haltestelle Lessingstraße

Kunst
Stadt
STÄDTISCHE

Besonderer Leinwandglanz

53

Kultkino Schauburg

In *Vom Winde verweht* trägt Rhett Buttler Scarlett O'Hara rotsamtige Treppenstufen hinauf. Geht man in der Karlsruher Schauburg die Treppen hinauf, die rechts und links geschwungen den Kronleuchter einrahmen, fühlen sich die Frauen vielleicht so wie Scarlett, die Männer wie Rhett. Das Ambiente ist eben großes Kino, 1929 eröffnet, zuvor ein Varietétheater gewesen. Auch wenn die Kinosäle kleiner sind, als man es heute gewohnt ist, vermisst man nichts. Klein, aber oho – eine passende und doch untertriebene Umschreibung, denn Auszeichnungen hat die Schauburg schon viele erhalten (zum Beispiel Spitzenpreis für ein herausragendes Jahresfilmprogramm der MFG Filmförderung Baden-Württemberg). Das Treppenhaus steht seit den Fünfzigerjahren unter Denkmalschutz. Es muss nicht immer neu sein, um zu beeindrucken. Gerade der Charme des Alten, der uns in schnelllebiger Zeit signalisiert, dass doch so manches Bestand hat, stimmt einen heiter. Schließlich war dieses Kino einst das erste echte Karlsruher Großraumkino, nach der Zerstörung im Zweiten Weltkrieg wiederaufgebaut. Experten wissen sicher mit der Information, dass hier heute noch Filme in Todd-AO-Technik gezeigt werden können, etwas anzufangen, die anderen kaufen Popcorn, ein Bier oder Nachos mit scharfer Sauce und genießen unwissend.

TIPP

Kinofrühstück am Sonntag! Mit Büfett und Film!

Wissen sollte man, dass hier neben aktuellen Kinofilmen auch und vor allem alternative Filme und Originalfassungen gezeigt werden. Außerdem findet hier das größte Filmfestival der Stadt statt: die Independent Days. Es laufen dann unabhängig produzierte Filme, Animationen und Dokumentationen. Manchmal kann man Premieren beiwohnen, bei denen der Regisseur oder der ein oder andere Schauspieler anwesend ist. Scarlett und Rhett selbst werden natürlich nicht mehr erscheinen, aber im Schein des Kronleuchters sieht man sie manchmal, die ganz Großen, ganz bestimmt. Und wenn dann jemand fragt, warum man so verzückt dreinschaut, antwortet man einfach: Ich sehe was, das du nicht siehst.

- Filmtheater Schauburg, Marienstraße 16, 76137 Karlsruhe-Südstadt, Tel. (07 21) 3 50 00 18 www.schauburg.de
- ÖPNV: Straßenbahn 3, Haltestelle Rüppurrer Tor

SCHAUBURG
BIG BROTHER:
SURVEILLANCE
CINEMA
19.10.2017 -
27.02.2018

Baumvorhang auf

54

Botanischer Garten

Eigentlich müsste der Baumvorhang an einem der Zugänge zum botanischen Garten hängen, dann wüsste man gleich, dass man dahinter eine besondere Welt betritt. Eine Welt, die einen aufatmen lässt. Glücklich ist der, der in der Nähe arbeitet und dieses hübsche Fleckchen Erde in der Mittagspause besuchen kann. Der Hofbaudirektor, der die Gebäude ringsherum entwarf, trägt schon im Namen ein Versprechen, denn er hieß Heinrich Hübsch. Absolut löste er dieses Versprechen ein. Ihm sind die Orangerie und Pflanzenhäuser zu verdanken, die zwischen 1853 und 1857 entstanden und die die Trennung von Straße und Garten vollzogen. Der botanische Garten selbst wurde jedoch schon viel früher angelegt, nämlich im 18. Jahrhundert durch den Botaniker Carl Christian Gmelin, der den Auftrag vom Markgrafen Karl Friedrich von Baden erhielt.

TIPP

Statt Fotos knipsen selbst malen oder mit Worten beschreiben, was man sieht.

Egal, von welcher Seite man nun diese Oase betritt – es ist ein Sattsehen an Grün und Bunt. Und man sollte auch wirklich hinschauen. Den Sehsinn sättigen; statt mit der Kamera den Moment in Bildern festhalten zu wollen, ihn einfach erleben, zwischen vielfarbigen Blumenbeeten, exotischen Pflanzen und Bäumen, die einem Vorhang gleichen! Der Augenblick, den man wirklich mit dem Auge erblickt, bleibt im Gedächtnis haften. Man kann ihn sich einprägen und ihn festhalten, vielleicht bei einer Tasse Cappuccino im Café im ehemaligen Wintergarten, umgeben von einem mit Kiwipflanzen bewachsenen gusseisernen Gerüst. Den vier Sphingen möchte man Danke sagen, weil sie hier Wache halten. So kann man sitzen und die Augen schließen, um die schönen Bilder, die man gesehen hat, im Gehirn zu speichern. Dann steht man wieder auf und lässt den Kies unter den Schuhen knirschen. Wann immer man dieses Geräusch hört, serviert einem das Gehirn vielleicht auch die Bilder, die man soeben in sich aufgesogen hat – hinter dem Vorhang der Alltäglichkeit.

- Botanischer Garten, Hans-Thoma-Straße 6, 76131 Karlsruhe Innenstadt
www.botanischer-garten-karlsruhe.de
- ÖPNV: Straßenbahn 1, Stadtbahn S1, S2, S5, S11, S51, U-Bahn-Haltestelle Europaplatz/Postgalerie, Straßenbahn 2,3,4, Stadtbahn S12, Haltestelle Europaplatz/Postgalerie

Lauschig im Hinterhof

55

Das fünf, Bar und Restaurant

Fünf Freunde, ein Gedanke: Lasst uns einen Ort ins Leben rufen, an dem man in lockerer Atmosphäre gut und bezahlbar essen kann. Fünf Jahre haben fünf Rheinländer nach einem Haus gesucht, in das sie mit ihren Ideen einziehen konnten. Am Rhein wurden sie fündig, sie mussten nur das Bundesland wechseln. In der Karlsruher Nordstadt bauten sie eine alte Kaserne um und kreierten die Einrichtung selbst. Das Kind brauchte nur noch einen Namen, und der stand schnell auf einem Bierdeckel: fünf. Fünf heißt Küche & Wein, Bar & Kultur, Biergarten. Das fünf, heute geführt von Ursel Hay und Frank Kemmerling, ist genauso ein Restaurant mit Kneipenflair wie eine Kneipe, in der man sehr gut essen kann. Ein entspanntes Beisammen unter Freunden. Wer mit Kindern kommt – ein Spielplatz gegenüber ermöglicht Eltern, trotzdem in Ruhe zu essen. Die Speisekarte lässt Vegetarierherzen höher schlagen (andalusischer Möhrensalat, Oliven-Kartoffelroulade, hausgemachte Pasten mit Brot oder Tortillachips), klammert die Fleischesser nicht aus (Schweinerückensteaks in Marsalarahm mit Spinat-Kartoffelgratin), denkt an Kinder (Kartoffelgesicht mit Schnitzel) und bietet wechselnd Besonderes, zum Beispiel Haselnuss-Tiramisu. Und das alles unter der Überschrift Regionalität und Nachhaltigkeit. Ein durch und durch empfehlenswertes Lokal.

TIPP

Unbedingt an die Bar zur Weinprobe!

Im Sommer nutzen Gäste gerne den Biergarten, der durch seine nette Hinterhofatmosphäre besticht. Man möchte das Wörtchen Bier im Wort fast streichen und ihn beim unaufgepeppten Namen nennen: Garten. Vor allem, weil man hier auch ganz hervorragend Wein trinken kann. Gerne aus der Region, der Pfalz oder dem Kraichgau. Den wöchentlich wechselnden Gerichten werden ausgesuchte Tropfen an die Seite gestellt, im Winter findet man an der Wein-Probier-Bar sein Glück.

Wie wär's mal wieder mit einem Mädelsabend? Klönen und fünf grade sein lassen? Alternativ ist das fünf auch Bierkneipe für Fußballabende. Oder doch lieber das Verwöhnmenü „Dinner for II"? Womöglich ist man danach wie von Sinnen.

- fünf, Kanalweg 52, 76149 Karlsruhe-Nordstadt, www.fuenf.de
- ÖPNV: Straßenbahn 1, Haltestelle Heidehof; Bus 73 Richtung Kirchfeld, Haltestelle Weißes Haus

fünf
Willkommen!
Waldhaus
fünf

Viel Theater in einem Haus

56

Das Sandkorntheater mit Marotte und Jakobus

Hier geht man nicht hin, weil man ein Theaterabonnement hat, das man halt hat. Hier geht man hin, weil man will. Und man ist nah dran am Geschehen auf der Bühne. Als säße man im eigenen Esszimmer mit Blick ins Wohnzimmer. Allerdings nicht in das eigene, wenngleich das Sandkorntheater gerne Stücke zeigt, in denen man sein eigenes Leben gespiegelt sieht. Sei es in der Ehe, im Freundeskreis oder in der Jugendclique. Die ausgewählten Stücke sind nah am Leben der Betrachter, und das schafft eben auch die Nähe zwischen Schauspielern und Zuschauern. Oft genug wird man – mit respektvoller Distanz – einbezogen, zum Beispiel beim Kabarett. Wer einstmals Dieter Hildebrandt hier erleben durfte, kann sagen, er habe mit ihm zusammengesessen, denn so fühlt sich die Atmosphäre im Sandkorntheater an. Man ist eher ein Mit- denn ein Zuschauer.

TIPP

Vorher oder hinterher das Café Bleu besuchen, es ist genau gegenüber.

Das Sandkorntheater ist Teil des Theaterhauses, das auch das Marotte-Figurentheater und das Jakobus-Theater beherbergt. Es ist in einem denkmalgeschützten Turbinenhaus der Stadtwerke untergebracht. Wilder Wein wächst am Gemäuer mal in sattem Grün, mal in leuchtenden Herbstfarben. Wild sind auch die Stücke manchmal, sie können zu Tränen rühren oder buntlustig sein. Es lohnt nicht nur der Besuch in der Studiobühne oder Fabrik des Sandkorn, es lohnt auch der Besuch im Amateurtheater Jakobus! Etwas ganz Besonderes ist das Marotte-Figurentheater, das Handpuppenstücke für sehr kleine bis ganz große Menschen zeigt. Natürlich sind hier nicht Zentimeter gemeint.

Im Sandkorntheater wurde auch das integrative Projekt „Die Spinner" ins Leben gerufen. Dort erarbeiten Menschen mit Behinderung und Schauspieler gemeinsame Werke.

Viele Karlsruher sind mit diesem Theater groß geworden, haben dort schon als Teenager Stücke angesehen und tun es bis ins Rentenalter. Dass dieser Wegbegleiter trotz drohendem Aus bestehen bleibt, macht sie glücklich. Im eigenen Wohnzimmer sitzt man doch zu oft.

- Sandkorntheater, Kaiserallee 11, 76133 Karlsruhe-Weststadt, Tel. (07 21) 83 15 29 70 www.sandkorn-theater.de
- ÖPNV: Straßenbahn 3, 4, Stadtbahn S1, S4, S5, S11, S12, S51, Haltestelle Mühlburger Tor

DAS SANDKORN
www.das-sandkorn.de
DAS SANDKORN
www.das-sandkorn.de
EINGANG

So schön wie Schwanensee

57 Seelenruhig am Altrhein Kleiner Bodensee

Da ist ein Schwan im See und dort ragt ein gebrochener Baum ins Wasser. Kein Mensch hier, aber eine Seele von Welt. Nichts fehlt. Baumstämme, von denen man meinen könnte, sie seien stabil, neigen sich ins Wasser, wohl weil sie sich verneigen. Genau das möchte man hier: sich verneigen vor der Natur. Danke sagen für dieses Fleckchen Erde, das einen erdet. Wo es so schön ist, da kann die Welt nicht schlecht sein. Nur sein. Bestehen. Der Schwan hebt ab und fliegt eine Runde knapp über dem Wasser. Deutlich hört man seine Flügel schlagen, weil keine unnatürlichen Geräusche das Traumhafte übertönen. Wassertiere lassen Kreise an der Oberfläche entstehen, die schließlich wieder eins werden mit dem See. Der Mensch kann hier eins werden mit der Natur, indem er sich still durch das Gebiet bewegt, den Naturschutz beachtet und merkt, dass seinen Menschenfüßen der Waldboden ein Bett bietet. Seelenruhig laufen Spaziergänger vorbei, selbst der Schritt der Jogger scheint federleicht. Der Kleine Bodensee offenbart einem die Möglichkeit, das Leben leicht zu nehmen. Man muss nur diese Bilder hier in sich aufnehmen. Die Wassernuss hat hier den größten Bestand in Deutschland. An vielen Stellen decken wunderschöne Blattrosetten den See zu. Der Laubfrosch nutzt den See als Laichgewässer, der Haubentaucher sucht Fische und Kleintiere und der Abendsegler hat die verlassenen Spechthöhlen besiedelt.

Bereits 1780 entstand der Altrhein und aus dessen Schlinge der Kleine Bodensee. Und das ganz von alleine. Natürlich eben. Es war die Zeit, in der der Mensch den Rhein noch nicht zähmte.

Der Schwan ist ein beeindruckendes Tier. So elegant und oft Akteur in Mythen und Märchen. Man darf ihm nicht zu nahe kommen. Soll er den See bewachen. Ob die Schwanenblume ihm zu Ehren hier wächst? Denkbar ist es.

- Naturschutzgebiet Altrhein Kleiner Bodensee (nördlich des Ölhafens), 76149 Karlsruhe-Neurent
- ÖPNV: Stadtbahn S1, S11, Haltestelle Neurut Kirchfeld

Gesellschaft macht glücklich

58 Nie allein am Ludwigsplatz

Großherzog Ludwig I. von Baden gab dem Ludwigsplatz seinen Namen. Der Brunnen auf dem Platz wurde von Friedrich Weinbrenner gestaltet. Das sind Namen, die der Karlsruher kennt. Und wer selbst meint, man sollte einen kennen, der setzt sich genau hier hin. Am besten an einem belebten Samstagnachmittag, so man dann einen freien Stuhl findet. Sehen und gesehen werden – einen besseren Ort gibt es hierfür nicht in Karlsruhe.

Zu sehen gibt es viel: Menschen, die vorbeischlendern; Radfahrer, denen man zurufen möchte: „Macht langsam, schiebt und schaut euch um!"; Gebäudefassaden im Münchner Jugendstil. Für all das sollte die Sonne immer einen Extrastrahl übrig haben. Aber selbst, wenn es zum Draußensitzen eigentlich zu kalt ist, kann man sich auf einen Platz an frischer Luft in eines der zahlreichen Cafés und Restaurants setzen. Denn meistens werden bei entsprechenden Temperaturen Decken auf die Stühle gelegt. Wenn die Sonne es hingegen übertreibt, stehen die aufgespannten Sonnenschirme dicht an dicht. Man hat die Wahl zwischen dem Café Ludwigs, dem Lehner's Wirtshaus, dem Aposto oder auch dem Enchilada oder Sen. Es gibt regionale Küche beim Mittagstisch, Kaffee und Kuchen, beste Weine, Biere – im Detail zum Beispiel deftigen Wurstsalat, Original Allgäuer Käsespätzle, Schweinekrustenbraten, hausgemachte Pizza und Pasta, Mexikanisches oder Sushi. Das Wasser läuft einem im Mund zusammen und man schaut am Ende nur noch auf seinen Teller. Erst wenn dieser leer ist und man noch einen Espresso bestellt hat, hebt man seinen Blick wieder – sinngesättigt – und fragt sich: „Wieso eigentlich Ludwigs Platz? Das ist meiner!"

Wer Fußballweltmeisterschaften gerne beim Public Viewing sieht oder mit anderen in den Mai tanzen möchte – regelmäßig finden solche Events hier statt. Und wenn es kalt wird im Winter, gibt es auch hier den Glühwein. Gesellschaft macht glücklich.

- Ludwigsplatz, 76133 Karlsruhe Innenstadt (südlich der Erbprinzenstraße auf Höhe der Waldstraße)
- ÖPNV: Straßenbahn 1, Stadtbahn S1, S2, S5, S11, S51, U-Bahn-Haltestelle Europaplatz/Postgalerie, Straßenbahn 2,3,4, Stadtbahn S12, Haltestelle Europaplatz/Postgalerie

Viele Wege führen ans Ziel

59 Das Naturfreundehaus in Grötzingen

Am besten, man verläuft sich auf den Wanderwegen Grötzingen, denn was im täglichen Leben nervtötend sein kann, bringt hier nur Schönes mit sich. Man weiß gar nicht, wo man hier zuerst laufen soll. Da gibt es zum einen den Malerweg. Auf dem Weg dorthin begrüßen einen im Frühling Flieder und Schlüsselblumen, Obstbäume blühen prallweiß und man überlegt sofort, das nächste Mal wiederzukommen, wenn die Brombeeren reif sind. Aber jetzt ist man erst mal hier und will so schnell nicht weg von diesem Weg. Oder soll man doch lieber den Rundwanderweg Ringelberghohl von nur 4 Kilometern gehen? Sogar der Kinder-wagen schiebt sich auf asphaltierten Straßen leicht, und schlafen kann man in dieser Natur äußerst gut. Es ist im Hochsommer kühler als in der Stadt, das Klima besser, dafür im Winter wärmer. Wer hier langläuft, fühlt sich umarmt von der Natur.

TIPP

Bei leichtem Frühlingsregen kann man die Frischluft und das Geräusch der Tropfen auf dem Schirm besonders genießen.

Das Naturfreundehaus ist ein sehr schönes Ziel. Das Knittelberghaus. Unterwegs ein paar Knittelverse gedichtet, dann gibt es bald nicht nur den Malerweg, sondern auch den Dichterweg. „Da steh ich nun, ich armer Tor! Und bin so klug als wie zuvor." Ob Goethe mal hier war? So gern wie er in der Natur war, hätte er seine Freude gehabt am Naturfreundehaus. Sicher hätte er auf einer Bank mit Rückenlehne gesessen, sicher hätte er den Blick in die Ferne schweifen lassen, sicher den Kindern beim Spielen zugesehen. Und ganz sicher hätte er all das verdichtet. Welch ein Glück: Ehrenamtliche Helfer verköstigen Gäste sonntags. Hätte Goethe sich für Wein oder fair gehandelten Kaffee entschieden? Maultaschen oder Kuchen gegessen? Man muss nur lange genug verweilen, dann kann man beides tun. Am besten, man übernachtet am Knittelberg, ganz sicher wacht man mit naturgeglätteter Gesichtshaut und nicht zerknittert auf. Noch einmal in die Ferne blicken in die Schwarzwaldberge, dann fröhlich und gestärkt weiterwandern.

- Naturfreundehaus, Auf der alten Reut 1, 76229 Karlsruhe-Grötzingen www.naturfreunde-groetzingen.de
- ÖPNV: Stadtbahn S4, S5, Haltestelle Bahnhof Grötzingen

Teilen für das große Ganze

60

Wer den Pfennigbasar nicht ehrt, verkennt seinen Wert

Kaum über 0 °C, noch vor 10 Uhr am Morgen und Menschenmassen warten vor der Schwarzwaldhalle, auf dass sie ihre Tore öffnen möge. Wer rockt heute den Saal?, fragt man sich da. Die Wartenden könnten Helene-Fischer-Fans sein. Aber all die offensichtlich leeren Taschen und Beutel, die sie mit sich tragen – welchen Zweck sollten die auf einem Konzert erfüllen? Schweißtropfen des geliebten Stars eintüten? Manch einer zieht hier einen Koffer hinter sich her – mühelos, was darauf hindeutet, dass dieser ebenfalls leer ist. Also was ist da los? Im 21. Jahrhundert, in dem der Euro schon lange zum täglichen Leben gehört, öffnet der Pfennigbasar für eine kurze Zeit (drei Tage) seine Pforten. Mit seinen bisherigen Einnahmen in Millionenhöhe seit 1968 muss er sich mit seiner ausgedienten Währung im Namen nicht verstecken. Im Gegenteil, der Pfennigbasar ist ein Flohmarkt der Superlative. Leseratten können sich für wenig Geld viel Literatur leisten; Menschen mit einem geringen Einkommen ergattern hier etwas zum Anziehen oder für den Haushalt, das sie sich zu regulären Preisen nicht gestatten würden; Flohmarktliebhaber aus der ganzen Republik stöbern hier. Und wer macht das alles möglich? Zum einen die Karlsruher, indem sie an den Sammeltagen Großmutters Geschirr, Elektrogeräte und Nachttischlampen abgeben; zum anderen unzählige Ehrenamtliche vor und hinter den Kulissen. Sie begutachten, sortieren aus und vor (manchmal wird sogar recherchiert, wie viel ein Bild wert sein möge), sind Verkäufer oder Kuchenbäcker. Und wo fließt das eingenommene Geld hin? 80 Prozent werden für soziale Projekte und Wohlfahrtsorganisationen in Karlsruhe verwendet, 20 Prozent sind für das Studentenaustauschprogramm und die Jugendarbeit des Verbandes des deutsch-amerikanischen Clubs gedacht, wofür der Pfennigbasar einst ins Leben gerufen wurde. Während sich die Namen der lobenswerten Helfer ändern können, bleibt eines jedoch gleich: die Freude, die es bereitet, Gutes zu tun. Denn manchmal schafft man das große Ganze, wenn man teilt.

TIPP

Einmal Gasthelfer sein, Anmeldung unter pfennigbasar@iwc-karlsruhe.com.

● Pfennigbasar, Schwarzwaldhalle Karlsruhe-Südweststadt, Festplatz 5, 76137 Karlsruhe-Südweststadt
(Der Basar wird vom Internationalen Frauenclub Karlsruhe e. V. veranstaltet)
● ÖPNV: Straßenbahn 5, Haltestelle Konzerthaus

Kleider

Wo der Alltag baden geht

61

Am Grötzinger Baggersee

Ganzjährig kann man in Karlsruhe an einem der zahlreichen Baggerseen den Alltag baden schicken. Zum Beispiel in der Kinzig-Murg-Rinne am Grötzinger Baggersee. Feuchte Bruchwälder und das Niedermoor des Weingartener Moors umgeben den See. Wer dann noch einen Krimi im Gepäck hat, in dem es eine Moorleiche gibt, ist in der passenden Umgebung und muss das innere Auge nicht bemühen. Nicht nur der Krimiliebhaber, sondern auch der Naturfreund ist an diesem Ort gut aufgehoben! Er erfreut sich hier am Lebensraum für Wasservögel wie Hauben- und Zwergtaucher. Apropos Tauchen – das ist hier erlaubt. Abtauchen und in der Stille schweben. Die Sicht unter Wasser ist nicht immer gleich. Mal ist sie klar und man erkennt Wasserasseln, Flusskrebse und Karpfen; mal ist einem nahezu schwarz vor Augen, bis plötzlich ein Hecht direkt vor dem Gesichtsfeld auftaucht, sodass man vor Schreck nur noch davonhechten möchte. Vielleicht auf die Liegewiese, um in den Himmel zu schauen und zu verschnaufen? Im südöstlichen Uferabschnitt ist das Baden erlaubt, auch Segeln ist möglich und es gibt sogar einen speziellen Hundestrand, außerdem eine Einstiegstelle für Pferde. Der südwestliche Teil liegt im Landschaftsschutzgebiet. Der See und seine Umgebung bieten individuelle Plätzchen für Badegäste mit oder ohne Hose, mit oder ohne Hund; für Taucher mit Schein, für Segler mit Boot, Surfer mit Brett und für Angler; ebenso für Fische, die dem Angler entwischen, und zahlreiche Vögel, die einem zuzwitschern, wenn man um den See spaziert oder joggt. Sich näherkommen ohne berechtigte Grenzen zu überschreiten, so funktioniert hier das Mit- und Nebeneinander von Mensch, Tier und See. Naturgenuss, das bedeutet manchmal Verzicht, zum Beispiel auf das Auto. Fährt man mit dem Rad hierher, so hat man den Verzicht ganz leicht in einen Gewinn für Körper, Geist und Seele umgewandelt. Man möchte die Bäume umarmen, nur bei König Dickbaum wird das schwer. Wer findet ihn, den dicksten Baum von Karlsruhe? Er steht im Grötzinger Bruchwald.

TIPP

Wer in der anderen Ecke von Karlsruhe lebt, für den empfiehlt sich der Epplesee in Rheinstetten-Forchheim.

- Grötzinger Baggersee, 76356 Karlsruhe-Grötzingen
- Anfahrt über die B3 von Karlsruhe Richtung Norden

Nutzung erlaubt vom 1. Mai bis 31. Oktober.

Bunte Vielfalt für alle Sinne

62 Markt am Gutenbergplatz

Was könnte man mal wieder kochen? fragt sich so manch Kochbegeisterter oder die Clique, die zusammen ein Mahl bereiten möchte. Man hat Ideen, notiert die fehlenden Zutaten auf den Einkaufszettel und geht natürlich auf den Markt. Man möchte ja gerne Frisches haben. Es muss nicht der Viktualienmarkt in München oder der Isemarkt in Hamburg sein, auch nicht der Wochenmarkt am Dom in Münster. Nein, einen der schönsten Wochenmärkte findet man in Karlsruhe auf dem Gutenbergplatz. Sofort fragt man sich, warum man geplant hat, was man kochen will, denn lieber möchte man nun überall zugreifen. Maulbeermarmelade, Streuobstwiesensalami und Trüffelöle – ach herrje, das schreit ja schon: „Los probiere mich!" Alles sieht so verführerisch gut aus hier: Ziegenkäse und Käsekuchen, Weinspezialitäten, Biorindfleisch, Biobackwaren, Baguette, Pastete und Paté aus Frankreich oder auch Kaffeespezialitäten aus aller Welt – ein Meer an Köstlichkeiten, man möchte darin baden. Das Auge tut es. Man schaut sich langsam von Stand zu Stand, kommt ins Gespräch mit den Anbietern – woher kommt die Ware, was ist das Besondere –, nascht hier und da und startet ein zweites Mal. Kauft jetzt nicht unbedingt wie geplant, eher nach Herzenslust und guter Laune, damit man am Ende zu Hause ein Stück Marktatmosphäre erst im Topf oder in der Pfanne und schließlich auf dem Teller hat. Es ist nicht nur das reichhaltige Angebot, es ist der Rahmen, den dieser Markt erhält und ihn so begehrenswert macht. Stadtvillen aus Sandstein säumen den Platz, wunderschöne Cafés, Kneipen und Restaurants und die alten Linden machen einen Ort aus ihm, an dem man bleiben möchte. Hier kaufen nicht nur die Bewohner der beliebten Wohngegend in der Karlsruher Weststadt, hier flanieren Touristen neben Studenten, Fotografen bleiben hier hängen ebenso wie Poeten und wollen das farbenprächtige Bild für die Ewigkeit festhalten. Eine Bar an der Ecke heißt Hemingway Lounge. Hemingway – wer könnte ihn jemals vergessen? Sicher hätte ihm der Gutenbergplatz gefallen. Und das ganz nüchtern betrachtet.

TIPP

Das Wasserplätschern am Krautkopfbrunnen macht die Kaffeepause perfekt.

- Gutenbergplatz, 76135 Karlsruhe-Weststadt
- ÖPNV: Straßenbahn 4, Haltestelle Sophienstraße

Bund
10 Stück
6,50
Bund
10 Stück
6,50

Spielplatz für die Großen

63 Boule spielen am Schlossplatz Durlach

Regelmäßig wird der Schlossplatz Durlach zum Spielplatz für Erwachsene, die hier Boule spielen. Man kommt zusammen, bildet Mannschaften, tritt gegeneinander an und hat gleichzeitig miteinander Spaß. Alle werfen die Kugeln und ringen um die Nähe zum sogenannten Schweinchen. Viele tun das 365 Tage im Jahr, manch einen hält auch Regen nicht ab. Und so rollen hier silberne Kugeln im goldenen Oktober wie im bunten Mai, im himmelblauen Sommer oder farbkargen Winter. Sie werden über den Kies geworfen von Frau- und Herrschaften, die dem Spielplatzalter eigentlich entwachsen, ja sogar erwachsen sind. Das Lächeln auf ihren Gesichtern zeigt aber, dass ein Spielplatz in jedem Alter die Lebensqualität erhöht. Frische Luft plus Gesellschaft plus Bewegung ist gleich wahre Lebensfreude. Man kann auch jederzeit zum Zusehen vorbeischauen. Bänke stehen bereit zum Besetzen, Winterlinden stehen bereit zum Beschatten – Letztere werden auch zweckentfremdet, es wird ihnen gerne ein Spielplan angeheftet. Attraktive Häuserfassaden rundherum und natürlich die Karlsburg Durlach, zu der der Schlossplatz gehört, gewinnen haushoch gegen jede Art von Indoorspielplatz. Wenn der Frühling Einzug hält, holt man sich in der nahe gelegenen Fußgängerzone ein Eis, das schmeckt viel besser als Kartoffelchips auf der Couch vor dem Fernseher. Aus vorbeifahrenden Autos mit offenem Verdeck erhascht das Ohr aktuelle Popsongs, die zur Draußenjahreszeit gehören wie der Magnet am Band beim Boulespieler, das heißt, bücken muss sich hier keine(r). Das tut man im Leben ohnehin zu oft und meist nicht rückengerecht. Hier wird man beim Spiel Körper, Geist und Seele gerecht. Und wenn der mittelalterliche Weihnachtsmarkt an der Karlsburg die Spieler vertreibt, gehen Sie ein paar Meter weiter in den Schlossgarten. Der ist nicht weniger attraktiv und lädt zum Spaziergang ein und die Boulespieler zum Mitspielen. Man muss nur Kugeln mitbringen. Und Spielfreude.

- Schlossplatz an der Karlsburg, 76627 Karlsruhe-Durlach
- ÖPNV: Straßenbahn 1, Haltestelle Schlossplatz

Leben und Lieben

64 Liebesbrunnen Durlach

Lebensbrunnen oder Liebesbrunnen? Leben ohne Liebe ist kein Leben und Lieben kann nur, wer lebt – also kann man beides gelten lassen. Zwei Begriffe passen ohnehin sehr gut, da der Brunnen ganz im Zeichen der Zweisamkeit steht. In seiner Mitte befindet sich ein nacktes Paar in inniger Umarmung. Jung sind sie. Verliebte verschmelzen zu gerne und aus zwei wird eins. Dieses eine hofft dann auf Einmaligkeit, damit man zusammen alt wird.

Auch der Brunnen selbst ist alt, er wurde erstmalig 1567 errichtet, 1862 entfernt und ersetzt, aber da stand noch kein Liebespaar obenauf. Das fand erst 1992 seinen Weg nach Durlach auf den Marktbrunnen. Der Künstler Klaus Ringwald erschuf die beiden, die das historische Tabernakel aus dem Jahre 1862 umgibt. Zu ihren Füßen rund um den Brunnen stehen und sitzen weitere Paare: Igel, Ratten, Hasen, Fledermäuse, Raben, Eulen, Hahn und Henne und eine Krötenfamilie – keiner möchte alleine sein und doch müssen sie es manchmal, weil es immer wieder vorkommt, dass jemand mutwillig eine Figur entfernt. „Passt doch auf!“, will man da dem Liebespaar zurufen, aber so ist das nun mal mit Verliebten: Sie sehen oft nur sich selbst. So lesen Sie sicher auch nicht, was auf den Tafeln am Brunnen zur Ortsgeschichte geschrieben steht. Dazu ist der Besucher aufgerufen, schließlich gehört es sich auch nicht, ein Liebespaar anzustarren. Aber wenn man um den Brunnen herumläuft, um eine Tafel nach der anderen zu lesen, geht vielleicht etwas von der Liebe des Paares auf einen über. Wenn nicht, versucht man mit einem Trank aus dem Brunnen vielleicht etwas davon zu erhaschen. Man kann aber auch einfach nur seinen Durst löschen – es fließt hier nämlich Trinkwasser – und sich in den Gedanken über Leben und Lieben verlieren, dafür gibt der Liebesbrunnen oder Lebensbrunnen hoffentlich Anstoß. Das Paar brauchte wie beschrieben eine Weile, um den Weg hierher zu finden. Das sollte Mut machen, Liebe braucht Zeit.

- Liebesbrunnen, Marktplatz und Pfinztalstraße, 76627 Karlsruhe-Durlach
- ÖPNV: Straßenbahn 1, Haltestellen Schlossplatz und Friedrichschule

Glückshormone produzieren

65 Der Laufort Karlsruhe

Viele von uns verbringen ihre Arbeitstage am Schreibtisch und merken, wenn sie auf die Lebensmitte zugehen, dass das dem Körper nicht so gut gefällt. Dem unausweichlichen Lebensende kann man aber im wahrsten Sinne des Wortes noch etwas davonlaufen. Der berühmte Schriftsteller Haruki Murakami zum Beispiel gleicht seine Arbeit als Autor durch Laufen aus. Wer sich in der Karlsruher Gegend mal darin ausprobieren möchte, könnte es besser nicht haben, denn in Karlsruhe läuft's. Es bietet sich die Günther-Klotz-Anlage an, die Bergdörfer, der Hardtwald oder der Oberwald. Und natürlich läuft es sich bestens am Rhein entlang – der Fluss fließt und man läuft im Fluss der Gedanken. Aufzählen kann man nicht alle Lauforte, man muss sie einfach selbst laufen, sich erlaufen. Wer dann den Freizeitsport Walken oder Joggen für sich entdeckt hat und das mit anderen teilen möchte, lebt ebenfalls in der richtigen Gegend. Schwer ist allein die Entscheidung, an welchem der vielen angebotenen Wettläufe man teilnehmen möchte. Es gibt die Badische Meile, die Bergdorfmeile, den Funkturmlauf, den Turmberglauf – um auch hier nur einen Teil zu nennen. Der Weg ist bekanntlich das Ziel, und wer viele Wege gelaufen ist, setzt sich dann den Baden-Marathon als großes Ziel. Dieser findet seit 1983 einmal jährlich im September statt. Hier kann man alleine oder im Team laufen, einen halben oder ganzen Marathon oder den Drittelmarathon sowie den Inklusionslauf; man kann natürlich auch walken, und für Jugendliche gibt es den Minimarathon, sogar ein Lauf für Dreijährige wird angeboten.

Wer sich glücklich gelaufen hat und die absolute Herausforderung sucht, der nimmt am internationalen Fidelitas Nachtlauf, dem FiNaMa, teil. Bei dieser Schwarzwaldstrecke startet man in Rüppurr und läuft 80 Kilometer, um dann erschöpft, aber glücklich an den Ausgangspunkt zurückzukehren. Egal jedoch, wohin man läuft, eines ist sicher: Man kehrt danach endorphingeflutet und energiegeladen an seinen Arbeitsplatz zurück.

- Detaillierte Infos zu einigen Strecken findet man auf laufen.welcheinglueck.de/Strecken/strecken.htm

Glück in lauer Sommernacht

66 Auf Parkdeckzehn

Parkdeck. Setting für einen Krimi – immer. Parkdeck. Ein Ort für Glück – nie. Es sei denn, man lebt in Karlsruhe, auf dessen Parkhaus in der Innenstadt sich eine Wohlfühloase offenherzig „an Deck“ über den Dächern der Stadt zeigt. Verweilen auf Parkdeckzehn ist so schön, wie mit einem Cabrio bei offenem Verdeck durch Sommerstraßen zu fahren. Okay, gelogen. Auf Parkdeckzehn ist es nämlich noch besser. Man muss nicht auf den Verkehr achten, verfährt nicht sinnlos Benzin – und die Frisur sitzt. Das Einzige, das man tun muss, ist, mit dem Fahrstuhl in den 10. Stock zu fahren. Raus aus dem Lift und rein in die Strandbar. Schuhe aus, Füße in den Sand. Muschelfrei und kuschelweich. Kam ich eben aus der Stadt? Ach was, ich komme aus dem Salzwasser. Ein, zwei Stündchen hier oben gleichen einem kleinen Strandurlaub. Schaut man sich um, sieht man zur einen Seite den 51 Meter hohen Rathausturm. Einst diente dieses beinahe 200 Jahre alte Gebäude als Stadtgefängnis und Feuerbeobachtungsstelle. Hätten Gefangene früher diesen Ausblick gehabt, sie hätten sicher alles dafür getan, um wegen guter Führung möglichst schnell entlassen werden zu können. Wind weht wie am Meer. Sand glitzert wie in der Sommersonne. Karlsruhe liefert die Temperaturen, die Macher des Parkdeckzehn das Ambiente: Strandkörbe, Sonnenliegen, Lümmelsofas in vornehmem Weiß und Sommerbetten in Rot. Großflächige Sonnenschirme bieten Schattenplätze, von der (Strand-) Bar dringt chillige Loungemusik ans Städteohr. Bunte Getränke befärben den Alltag; Palmenblätter und die himmlische Freiheit, weil das Dach über dem Kopf das Firmament ist, optimieren die Auszeit. Gerne auch am Abend, wenn sich die Sonne zurückzieht, um einer mondbeschienenen, lauen Sommernacht nun den Vortritt zu lassen. Zu besonderem Anlass lädt man Freunde „an Deck“. Keiner muss Angst haben, seekrank zu werden. Und wenn man nicht mehr fahrtauglich ist, bleibt das Auto im Parkhaus, die Straßenbahn ist nicht weit.

● Parkdeckzehn, Zähringerstraße 69, 76133 Karlsruhe Innenstadt
www.parkdeckzehn.de
● ÖPNV: Stadtbahn S1, S2, S5, S11, S51, Straßenbahn 1,
U-Bahn-Haltestelle Marktplatz

BORN THAT WAY
SINCE 1970
JOHN PLAYER SPECIAL
Rauchen kann tödlich sein.
SALITOS

Platzregen an Glücksorten

67

Hofgut Maxau, Knielinger See und Tulladenkmal

Karlsruher erleben rund um das Hofgut Maxau einen Platzregen an Glücksorten. Tulla sei Dank, will man sagen, denn der Herr hat sich netterweise um den Rhein gekümmert. Er hat ihn begradigt und bekam ein Denkmal. Man findet es, wenn man zwischen dem Rheinhafen und dem Hofgut spazieren geht. Ein schönes Plätzchen, um ein paar Minuten zu verweilen. Aber man will ja weiter, zum Hofgut Maxau. Dort schickt man die Kinder zum Spielen, manche Spielgeräte machen sogar Musik, wenn man sie „behüpft". Mit den Spielgeräuschen im Hintergrund kann man es sich erst mal nett machen und an den Rhein setzen, auf die Treppenstufen, auf Bänke oder sich gleich auf die Wiese legen. Auf der einen Seite hat man den Hafen im Blick, auf der anderen die Rheinbrücke. Kommt ein Schiff? Überkommt einen das Fernweh? Erst mal den Hunger stillen. Regional, frisch, lecker – damit ist umschrieben, was es auf dem Hofgut gibt. Aber es hat noch mehr zu bieten, nämlich das Knielinger Museum. Hier erfährt man unter anderem etwas über die Rheinschifffahrt. Neben dem Hof steht eine Windmühle auf dem Rasen und tut ihren Dienst. Wer jetzt Ruhe haben möchte, ist mehr als gut bedient, wenn er ein paar Schritte am Knielinger See entlangschlendert. Er liegt im Naturschutzgebiet, und das ist auch der erste Gedanke: So etwas Wunderschönes braucht natürlich Schutz. Da liegen kleine Bötchen am Wasser, so pittoresk kann es in St. Tropez sicher nicht sein, weil sich dort die Touristen auf die Füße treten. Hier betritt man eher alleine eine außerordentliche Kulisse. Gar nichts möchte man mehr, wenn man hier steht, man ist schlichtweg glücklich, weil man so schöne Erdfleckchen sehen darf, ohne um einen Aussichtsplatz kämpfen zu müssen. Wem es zu ruhig und einsam wird, der geht wieder an den Rhein und nutzt den Hochwasserdamm als Promenade. Wenn man in St. Tropez wüsste, wie schön es hier ist, aber pst, nicht weitersagen, sonst kommen alle hierher.

TIPP

Führung auf dem Windmühlenberg, der in der Nähe liegt, mitmachen.

● Hofgut Maxau am Rhein 24, 76187 Karlsruhe-Knielingen
www.hofgutmaxau.de und www.knielinger-museum.de
● ÖPNV: Stadtbahn S3, S5, Haltestelle Maxau

Vom Treppenglück

68

Haus Solms

Wer hier hineingeht, ist mitunter aufgeregt wie vor einer äußerst wichtigen mündlichen Prüfung, die über die Zukunft entscheidet. Im Grunde genommen ist es auch so, nur dass man nicht viel Text lernen muss, lediglich im richtigen Moment Ja sagen muss man. Muss? Natürlich nicht, man will ja, und hier darf man es – Ja sagen zur Liebe seines Lebens und heiraten. Hier im Haus Solms. Seit 1946 dient es als Gästehaus der Stadt, das Palais Solms, benannt nach Graf Max Otto Gustav zu Solms-Sonnenwalde-Rösa. Ja, wenn man die Sonne schon im Namen hat! Schon von außen strahlt einen das imposante Haus förmlich an, ruft einen hinein – und das über eine Treppe an der Gebäudeseite, die gar schüchtern und bescheiden daherkommt. Als ob sie nicht wüsste, welches Glück sie hinaufträgt; als ob sie nicht wüsste, dass auch sie später vom Blumenbad etwas abbekommt. Im Innern empfängt einen die Festlichkeit in Form von historischen Stuck- und Holzdecken sowie Wandverkleidungen, wie man sie aus dem eigenen Wohnzimmer nicht kennt – eben besonders, dem Anlass angemessen feierlich gekleidet. Nicht nur das Brautpaar darf auf Stühlen mit gedrechselten Beinen und Schnitzereien Platz nehmen. Schon den Vorsaal ziert Meißner Porzellan. Trausäle gibt es drei: das Barockzimmer, das Klassizistische Zimmer und das Altdeutsche Zimmer.

Man muss aber nicht heiraten wollen, um hier „Ja" zu sagen. Das Haus Solms ist auch der Ort, an dem der Finanzausschuss „Ja" zum ZKM (Zentrum für Kunst und Medientechnologie) sagte. Egal, ob man jemand aus dem öffentlichen Leben, Künstler oder Karlsruher ist – das Gästehaus steht allen offen. Und wenn es um das wichtigste „Ja" im Leben geht, dem „Ja" aus Liebe, so sei angemerkt, dass das Haus Solms sich in der Bismarckstraße befindet. Und Bismarck war bekanntermaßen sehr lange im Amt – wenn das kein gutes Omen für das Eheglück ist!

● Haus Solms – Gästehaus der Stadt Karlsruhe, Bismarckstraße 24, 76133 Karlsruhe Innenstadt, Tel. (07 21) 1 33-0 (Kontakt über Stadtverwaltung)
● ÖPNV: Straßenbahn 2, 3, 4, Stadtbahn S1, S2, S5, S11, S12, S51, Haltestelle Mühlburger Tor

Just Married
Bitte keinen
Reis und
Konfetti

Ein besonderer Spaziergang

69 Flanieren auf der Hildapromenade

Die Karlsruher Hildapromenade wird nicht in das gängige Ost und West zweigeteilt, sondern in die südliche und nördliche Hildapromenade. Benannt wurde sie nach Hilda von Nassau, der letzten badischen Großherzogin. Promenaden dienen dem Flanieren. Hier geht man nicht einfach spazieren, hier promeniert man. Das klingt wie promovieren. Ist aber um einiges einfacher. Man werfe einen Blick aus dem Fenster, schaue aufs Thermometer, ziehe sich entsprechend an und dann kann es losgehen, ganz ohne Doktortitel. Flanieren auf der Hildapromenade. Noch so ein Wort: flanieren. Promenieren, promovieren – flanieren, fantasieren.

Die Hildapromenade beherbergt schmucke Gebäude wie das Verwaltungsgericht und Generallandesarchiv, Straßen heißen Flieder- oder Sonnenstraße, am Haydnplatz treffen die Weber-, Beethoven- und Mozartstraße mit der Nördlichen Hildapromenade zusammen. Bei solchen Namen klingen alle Stadtgeräusche wohltuend in den Ohren. Spielt der Brunnen am Haydnplatz nicht etwas von Ludwig van Beethoven? Oder ist es doch eines der bekanntesten Frühlingslieder von Christian Adolph Overbeck, dem Mozart 1791 die heute gängige Melodie verpasste?

„Komm, lieber Mai, und mache/die Bäume wieder grün,/ und lass uns an dem Bache,/die kleinen Veilchen blühn!/ Wie möchten wir so gerne/ein Veilchen sehn,/ach, lieber Mai,/wie gerne einmal spazieren gehn."

TIPP
Bei der Gelegenheit eine Spazierpause am Fontänebrunnen am Haydnplatz einlegen!

Nie sollte man die Wirkung eines Spazierganges in solch schöner Umgebung unterschätzen. Aber wer nicht will, der kann den Grünstreifen gerne anders nutzen: Spiel- und Sportplatz laden Kinder zum Austoben ein, Eltern können dann ausruhen. Zusehen, welche Energie in Kindern steckt, sich erinnern, dass auch sie einmal angstfrei alles erkletterten, was sich in den Weg stellte. Diese Erinnerung nimmt man dann mit, und natürlich Mozartmelodien im Ohr und Bilder von schöner Architektur, von Blumen und Bäumen im Gedächtnis. Ein Spaziergang der besonnenen Art bedeutet einen gelungenen Tag.

- Südliche und nördliche Hildapromenade, Karlsruhe-Weststadt
- ÖPNV: Straßenbahn 2, 3, 4, Stadtbahn S1, S2, S5, S11, S12, S51, Haltestelle Mühlburger Tor

Ein Herz schlägt weiter

70 Luxus im Textilhaus Lulu

Hört man der Enkelin von Ludwig „Lulu“ Harbrecht zu, wenn sie erzählt, wie ihr Opa einst diesen Laden aufbaute, dann weiß man, dass das Glück auf andere überschwappt, wenn man etwas zu seiner Herzenssache erklärt. Erst 17 war er gewesen, als er das Familiengeschäft übernahm. „Wenn etwas nicht vorrätig war, sagte mein Opa: ‚Können Sie nach dem Mittag abholen‘ – und dann radelte er nach Durlach, manchmal für nur einen Faden“, so berichtet die junge Frau auf eine Art und Weise, dass man meint, dieser Lulu stünde neben einem.

Es ist dieses scheinbare „Nur“, das dieses Bekleidungsgeschäft besonders macht, in dem man heute Textilien aller Art für Frau, Mann und Kind bekommt. Bunt wie das Angebot ist auch die Kundschaft. Da verlangt ein Mann Mitte 70 nach einem Stringtanga, weil er dem Enkel zuliebe Boxershorts trägt – Opa, die sehen cool aus –, aber eben seiner Ansicht nach darin „alles so rumbaumelt“; eine Frau, Ende 20, sucht etwas Verführerisches; eine junge Mutter braucht Babystrampler. Unterschiedlicher können Kundenwünsche kaum sein, da ist Klasse in der Beratung gefragt. Und die bekommt man hier. Hat man beim Eintreten zunächst den Eindruck gehabt, von einem Zuviel an Ware erschlagen zu werden, erkennt man schnell, dass alles bestens geordnet ist und das Fachpersonal sofort findet, was der Kunde sucht. Da haben Menschen ihren Beruf eben gelernt, ihre Kompetenz erhöht das Kaufglück.

Und so ist es kein Wunder, dass sich das Lulu nun in der dritten Generation hält, obwohl das Geschäft nicht mitten in der Fußgängerzone liegt. Man muss sich schon etwas nach außerhalb bewegen. Muss man? Nicht unbedingt! Lulu bietet einen Heimservice an: Gewünschte Ware wird – ohne Aufpreis und inklusive Beratung – nach Hause geliefert. Einmal wöchentlich fahren Mitarbeiter zum Beispiel ein Wohnstift an. Beinahe 100 Jahre ist der Laden jetzt alt, Lulu selbst, dem die Mutter diesen Kosenamen aus Frankreich mitbrachte, lebt nicht mehr, aber wenn man seine Ohren spitzt, hört man sein Herz hier noch immer schlagen.

TIPP

Für Frauen: Man kann Mann und Kind auf den nahe gelegenen Spielplatz schicken.

● Lulu im Weiherfeld, Enzstraße 5–7, 76199 Karlsruhe Weiherfeld-Dammerstock, Tel. (07 21) 88 14 04, www.lulu-im-weiherfeld.com

mey
95E
Lillifee
SCHIESSER.
SCHIESSE

Glücklich in der Höhe

71 Beim Hausfreund Überblick verschaffen

Schreibtisch übervoll? Den Überblick verloren? Dann nichts wie rauf auf den Turmberg, den 256 Meter hohen Hausberg in Karlsruhe-Durlach. Hausberg, das klingt wie was Eigenes – und wenn man den Weg zum Turm hinaufläuft, ihn wie einen Hausfreund kurz von außen anlächelt und dann noch die Stufen nach ganz oben erklimmt, wenn man selbst geschwitzt hat, dann hat man noch einmal mehr das Gefühl, man stünde auf seinem ganz eigenen Glücksturm. 140 Meter tief liegt einem die Rheinebene zu Füßen, man blickt hinüber zum Pfälzerwald und zum Elsass. Wer nicht ganz so weit schaut, erkennt unter sich die Villen im Viertel, in denen auch einige Prominente wohnen.
Dieser nordwestlichste Gipfel des Schwarzwalds ist ein sehr beliebtes Ausflugsziel, das Besucher auch gerne mit der Turmbergbahn erreichen, die seit 1888 herauffährt. Sie ist die älteste aktive Standseilbahn Deutschlands. Steil geht es nach oben und man kann nicht nur rechts und links hinausschauen, sondern auch zum Bahndach empor in den Himmel spähen und bei einer Steigung von 36,2 Prozent die unglaubliche Weite erfahren. Fahren, genau: Man kann den Turmberg auch anders hinaufrollen, per Rad. Seit dem Jahr 2000 richten die Karlsruher Radkuriere (die soffi e. V.) das Turmbergrennen aus. Die 1,8 Kilometer mit durchschnittlicher Steigung von 6,7 Prozent und einem Höhenunterschied von 120 Metern können von jedem Radler in Angriff genommen werden. Heute, wo draußen das neue Drinnen ist, verzichtet man gerne auf die gedopten Radsportler aus dem TV und steigt selbst auf. Die Anstrengung zieht eine Endorphinausschüttung nach sich, eine wohltuende Droge, ganz ohne Nebenwirkungen. Ganz in der Nähe der Ruine liegt die Sportschule Schöneck des Badischen Fußballverbandes, wo sich einst die Elf von 54 unter Herberger auf die Weltmeisterschaft vorbereitete. Also schnell Erfolgsluft schnuppern und mit nach unten nehmen. Wenn man dann wieder am Schreibtisch verzweifelt, ruft man sich die Bilder von hier oben ins Gedächtnis und hat den Überblick.

- Turmberg Karlsruhe-Durlach, Reichardtstraße 22, 76227 Karlsruhe-Durlach
- ÖPNV: Straßenbahn 1, 8, Haltestelle Turmberg (zur Turmbergbahn)

Groß plus Art

72

Der Kreativpark Alter Schlachthof

Im Karlsruher Osten entsteht seit 2006 in rasantem Tempo ein Kreativpark. Geschlachtet wird hier auf dem Areal des Alten Schlachthofs das Kreativschwein und es hat Platz ohne Ende, denn Kreativität braucht schließlich Raum. 7 Hektar stehen hier zur Verfügung. Da wird so manches Stallschwein neidisch. Groß plus Art ist gleich großartig. Kein Sinn kommt hier zu kurz. Das geschlachtete Kreativschwein schmeckt. Auf dem Gelände gibt es das Restaurant „Alter Schlachthof", „Carls Wirtshaus", die „Aurum Weinbar" und die „Alte Hackerei". Letztere ist eine Bar mit Livemusik, denn Schmecken ist nur ein Sinn, Hören ein anderer. Zu hören gibt es viel im Substage (Rockmusik, auch Elektro, Ska, Metal, Pop oder Hip-Hop) und im Kulturzentrum Tollhaus, das neben Musik auch Tanz, Kabarett, Zirkus, Comedy, Figurentheater und anderes mehr bietet. Man tanzt, man lacht, man staunt und fühlt sich glücklich. Weil es so viel zu sehen gibt. Geht man hier spazieren, erfreut sich das Auge an Backsteinbauten, die durch ihren handwerklichen Charakter das Selbermachen schon ausstrahlen. Die Straßenbahn fährt mitten durch das Kreativdorf über grasgrün überwucherte Schienen, als sei sie ein liebevoll gestalteter Modellbau. Das mag daran liegen, dass hier alte Bauten neben moderner Architektur stehen bleiben dürfen. Denkmalgeschütztes und Neues verbinden Geschichte und Gegenwart. Man schnuppert den Duft der besonderen Freiheit, die im Ausleben der eigenen Kreativität beheimatet ist. Während die Fleischmarkthalle Raum für künstlerische Veranstaltungen und temporäre Ausstellungen bietet, gibt es in der Schweinemarkthalle ein Existenzgründerzentrum. Außerdem befindet sich auf dem Areal das Menschenrechtszentrum Karlsruhe. Der Kreativpark hat sehr engagierte Mieter, die sich im Verein ausgeschlachtet e. V. zusammengeschlossen haben. Dafür haben sie den – undotierten – Preis „Bewegungsmelder der Kultur- und Kreativwirtschaft" der deutschen Bundesregierung erhalten. Die Karlsruher dotieren die Arbeit mit ihren Besuchen hier.

TIPP

Das Zeltival im Sommer besuchen: ein mehrwöchiges Festival auf dem Tollhausgelände.

- „Alter Schlachthof" Kreativpark Karlsruhe, Alter Schlachthof, 76131 Karlsruhe-Oststadt, alterschlachthof-karlsruhe.de
- ÖPNV: Straßenbahn 1, 2, Stadtbahn S7, S8, Haltestelle Tullastraße

Der Weg zum „Aha“

73 Die Majolika Manufaktur

Der blaue Strahl. Aha. Ein Buchtitel? Kalt. Der Name eines berühmten Gemäldes? Etwas wärmer. Der blaue Strahl ist keiner, den die Sonne spaßeshalber andersfarbig auf die Erde schickt, er liegt uns bereits ebenerdig im Schlossgarten zu Füßen, besteht aus 1645 azurblauen Majolika-Fliesen und kann im Gegensatz zu Sonnenstrahlen betreten werden. Ähnlich einer Schnitzeljagd folgt man ihm vom Schlossgarten aus mit kindlicher Neugier und findet so das Gebäude der Manufaktur, die älteste und einzige noch produzierende Keramikmanufaktur in Deutschland. Im ersten Jahr des 20. Jahrhunderts wurde sie als großherzogliche Majolika Manufaktur von Großherzog Friedrich I. von Baden unter dem Einfluss der Maler und Grafiker Hans Thoma und Wilhelm Süs gegründet. Der Großherzog fand nämlich Gefallen an der sogenannten Majolika-Technik (eine weiße, zinnhaltige Glasur dient als Basis für Aufglasdekorationen in Farbe), und das gefällt noch heute Künstlern und Kunden gleichermaßen. Einst stammte der Bambi aus diesem Haus. Und so lässt der Besucher oft ein „Aha“ ertönen, wenn er über den Blauen Strahl hier ankommt, hier im Ahaweg, dem Zuhause der Majolika Manufaktur.

Vielleicht ist man selbst zufällig hier gelandet, vielleicht gezielt, weil man sich im Vierordtbad nicht nur entspannt hat, sondern auch im Majolika-Dampfbad die kunstvolle Statue der griechischen Göttin für Gesundheit, Hygieia, bewundert. Vielleicht aber auch der Liebe wegen, denn man kann sich das Jawort auch in der Galerie geben und nebenan in der Cantina Majolika nicht nur sich, sondern auch seine Gäste glücklich machen. Und wenn es eher das kleine Glück sein soll, so kann man in der Cantina auch nur sehr nett brunchen oder die Mittagspause hier verbringen. Das große Glück erwächst ja aus dem kleinen. Und der kleine Hunger wird hier allemal gestillt.

TIPP

An einem der keramischen Workshops oder Schnupperkurse in der Majolika teilnehmen.

- Staatliche Majolika Manufaktur, Ahaweg 6–8, 76131 Karlsruhe Innenstadt, Tel. (07 21) 9 12 37 70, www.majolika-karlsruhe.com
- ÖPNV: Bus 73, Haltestelle Linkenheimer Tor

MAJOLIKA

Eine Steppe in der Stadt

74 Alter Flugplatz Karlsruhe

Bei Steppe denkt man an weites, unbebautes Land, man vermutet sie nicht in der Stadt. Karlsruhe aber beherbergt eine Steppe auf einem ehemaligen Exerzierplatz, aus dem 1924 ein Flugplatz wurde. Heute üben hier nur noch Raben das Starten und Landen – so zumindest sieht es manchmal aus. In Wahrheit legen auch Zugvögel hier Rast ein. Sie finden Nahrung und die Offenheit des Gebietes sorgt dafür, dass es der Feind schwer hat.

Es macht Spaß, hier zu gehen, hier zu stehen und diesen freien Blick zu haben, diesen Weitblick. Wenn man dann noch weiß, dass die Frischluftschneise dem Klima guttut, atmet man gleich tiefer ein und aus. Das wiederum tut einem selbst so gut, man verlangsamt unbemerkt seinen Schritt, kommt runter. Man sieht den Eseln zu, die hier grasen dürfen, es sind echte Steppentiere. Und im Sommer hält das Silbergras eine Sandtemperatur von bis zu 60 °C aus. Wie geschaffen für Karlsruhe, wo es oft sehr heiß wird, manchmal schon im Frühling. Dann blüht hier der Bauernsenf und bietet dem Spaziergänger ein wunderweißes Blütenmeer. Einzigartig ist dieses Bild, wenn man bedenkt, wie wenig es manchmal braucht, um viel zu bieten. Hier gibt es nämlich viel Nährstoffarmut und viel Trockenheit und trotzdem ist der Alte Flugplatz eine Augenweide. Dafür sorgt zum Beispiel auch der Scharfe Mauerpfeffer, der mit seinem Vielgelb wohl der Sonne Konkurrenz machen möchte. Auch das Sandglöckchen hat sich den Bedingungen auf dem Sand- und Magerrasen angepasst.

Kaninchen, die schon lange hier wohnen, haben sich glücklicherweise bereit erklärt, den Sandrasen zu pflegen. Entstanden ist dieses Gebiet durch Vater Rhein. Es ist lange her, dass er viel mehr Wasser führte, Sand und Kies im Gepäck, das letztendlich das schuf, was wir heute vorfinden: eine karge Landschaft, die Land schafft für Steppentiere, Zugvögel und Menschen, die durch das Naturschutzgebiet vor der Tür ihre Lebensqualität steigern möchten. Immer auf dem Weg bleiben und die Hunde anleinen – dann bleibt es erhalten.

- Alter Flugplatz, 76149 Karlsruhe-Nordstadt, www.alter-flugplatz-karlsruhe.de
- ÖPNV: Straßenbahn 1, Haltestellen Lilienthalstraße und Heidehof, Stadtbahn S1, S11, Haltestellen August-Bebel-Straße und Kurt-Schumacher-Straße

Schlupflöcher zum Glück

75

Die Brücke am 49. Breitengrad

Der 49. Breitengrad verläuft durch Karlsruhe und liegt somit auf der gleichen geografischen Breite wie die Grenze zwischen den USA und Kanada. Seit mehr als 50 Jahren kann man im Stadtgarten eine weiße Linie finden, die den Breitengrad markiert. Sie läuft auf einen Stein zu, der dem Hinkelstein ähnelt, den Obelix stets auf dem Rücken trägt. Der Stein ist löchrig wie Käse – fünflöchrig, um genau zu sein – und fordert irgendwie dazu auf, durch die Rundungen hindurchzuschauen. Was stellen sie dar? Schlupflöcher, die in eine andere Welt entführen? Derzeit sieht man Bilder von anderen Städten, die auf dem gleichen Breitengrad liegen.

Nahe dem Stein liegt der See im Zoo. Eine Brücke führt über ihn, im Sommer blüht es hier in allen Farben. Die Brücke am 49. Breitengrad – wäre das nicht ein Filmtitel? Es ist so herrlich, in Geschichten einzutauchen. Diese in Stein gemeißelten Luftlöcher bedeuten einem, dass es immer eine Leichtigkeit gibt, auch wenn einem der Weg steinig erscheint. Es sei denn, man hat die Kraft von Obelix, der seinen Hinkelstein auch mal dem Feind vor die Füße werfen kann. Einmal löste Obelix damit eine Amnesie bei Miraculix aus. Hier am 49. Breitengrad, am fünflöchrigen Stein, sollte man sich eine kleine Alltagsamnesie gönnen, die das Grau des Alltäglichen vergessen lässt. Bunte Gedanken haben danach Platz und rufen Geschichten hervor, die so farbenfroh sind wie die Blumen im Japangarten nebenan.

Eigentlich – so weiß man inzwischen – verläuft der 49. Breitengrad ein paar Meter von diesem Stein entfernt. Aber im See kann man ihn ja nicht sehen. Nicht? Papperlapapp, es braucht lediglich Fantasie. Hier wird sie angeregt.

In Obelix' Familie dient der Hinkelstein als Glücksbringer. Steine an sich werden gerne als Glückssymbol verwendet. Vielleicht meint Obelix mit seinem riesigen Hinkelstein besonders viel Glück zu haben.

TIPP

Rauf auf den wunderbaren Lauterberg und Karlsruhe überblicken!

● Die Brücke am 49. Breitengrad im Zoologischen Stadtgarten, Ettlinger Straße 6, 76137 Karlsruhe-Südweststadt

● ÖPNV: Stadtbahn S1, S7, S8, S11, S52, Straßenbahn 2, U-Bahn-Haltestelle Kongresszentrum

49. BREITENGRAD

Viele Glücksangebote

76 Südliche Waldstraße

Eine Ampel mit erstaunlich langer Grünphase für Fußgänger führt in die südliche Waldstraße, die es in sich hat, denn sie bietet Mode, Lifestyle, Einrichtung, Schmuck, Kunst und Antiquitäten, Gaumenfreuden und Sportliches. Das Besondere: Viele Geschäfte sind inhabergeführt. Die Preise sind nicht unbedingt für den kleinen Geldbeutel, doch aber für die große Freude, sich mal etwas zu leisten. „Wir bringen ihre Wohnfantasien auf den Roten Punkt", versprechen die einen, aber schon beim Blick ins Schaufenster sieht man alles andere als alarmierendes Rot, eher warmes Sonnengelb aus stilvollen Lampen. Genau auf den Punkt bringt es der Slogan „Wohnen mit Sinn für Menschenverstand" des Geschäftes Ergonomie und Wohnen – gesunde Wohnkultur, Naturholz, reine Materialien sind ihre Schlagworte, die nicht erschlagen, sondern durch die Möbelstücke glaubhaft werden. Exklusives Design gibt es bei staudt – allmählich weiß man, warum diese Möbelgeschäfte in der Straße mit dem Wald im Namen ihr Zuhause haben. Wer auf solchen Möbeln sitzt, muss natürlich gut gekleidet sein, dafür gibt es LUI's, Marc Cain, Bekleidungsgeschäft glore und andere; man kann sie nicht alle aufzählen, aber sie sind ohnehin unübersehbar. Wer zur See will, findet etwas im Seglerladen Côte Sud, wer davonradeln möchte, ist bei Rad & Tat gut aufgehoben. Wer etwas für die Wand sucht, besucht die Art Galerie Elwert – und natürlich gibt es auf der Waldstraße auch Schmuck, außerdem Dienstleister verschiedener Art. Es bleibt nicht aus, dass ein Besuch auf dieser kurzen Strecke hungrig und durstig macht. Die Frage ist nur: Löscht man diesen im Saftladen, genehmigt man sich etwas aus dem Feinkostladen el corazon, oder soll es Italienisch sein, ein Restaurant oder eine Bar, oder vielleicht doch besser ins Stövchen, eine urige Kneipe? Wenn man dann wieder den Heimweg antritt, freut man sich noch einmal über die lange Grünphase für Fußgänger, mitunter hat man schwer zu tragen, erleichtert ist nur der Geldbeutel, dafür man selbst erfüllt.

TIPP

Alljährlich im September findet das Fest der Südlichen Waldstraße statt.

- Interessengemeinschaft Südliche Waldstraße, Waldstraße 89, 76133 Karlsruhe Innenstadt, www.suedliche-waldstrasse.de
- ÖPNV: Straßenbahn 1, Stadtbahn S1, S2, S5, S11, S51, U-Bahn-Haltestelle Europaplatz/Postgalerie, Straßenbahn 2,3,4, Stadtbahn S12, Haltestelle Europaplatz/Postgalerie

Hoepfner

Vorbeikommen und bleiben

77 Karlsruher Bänke

Man sieht sie nicht nur von Weitem, man erkennt sie sogleich. Das ist sie: Die besondere Bank – meine besondere Bank. Man nimmt nicht nur Platz, man nimmt sich seinen Platz. Und dann fühlt es sich an, als sei diese Bank nur für einen selbst hier hingestellt worden. Keiner hat hier reserviert und im Morgengrauen ein Handtuch abgeworfen wie der Platzhirsch an den mallorquinischen Stränden. Die Bank steht hier, als warte sie darauf, dass man vorbeikommt – als wüsste sie, dass man das tut: vorbeikommen. Als Spaziergänger, der nicht weitergehen kann, weil sie einen magisch anzieht; als Fahrradfahrer, der sie erblickt und sich nun keinen besseren Ort für eine Trinkpause vorstellen kann; als Jogger, der zwar nicht anhalten mag, aber beim Anblick genau dieser Bank weiß: Ich komme wieder und dann setze ich mich. Hinsetzen und Augen schließen. Nicht weghören, sondern den Weg hören, den die Gedanken im Selbstgespräch gehen. Möchte man folgen? Oder möchte man sie dem vorbeifließenden Wasser zu Füßen der Bank mitgeben? Der Waldwind raschelt einem Geschichten ans Ohr, die Waldvögel singen ihr Lied dazu, die Menschen, die hier vorbeikommen, stimmen mit ihren Worten ein in die vielstimmige Welt.

TIPP

Auf die Suche nach der eigenen Bank gehen!

Auf einmal sitzen sie beisammen: der Spaziergänger, der Radfahrer, der Jogger. Es ist die Bank, die sie anhalten lässt, um ihnen ein anderes Weiterkommen vorzuschlagen, denn dem Jogger ist das Leben zu mühsam, dem Radfahrer zu schnell und dem Spaziergänger nicht aufregend genug. Hier auf der Bank tauschen sie sich aus und tauschen. Beschwingt setzt der Spaziergänger seinen Weg fort, dem Radfahrer bekommt es, zu schieben, der Jogger geht langsam und genießt.

Vorbeikommen und bleiben. Vielsagende Menschen vorbeiziehen lassen und bei sich bleiben. Dann ist das Leben stimmig, vielstimmig.

● Die abgebildete Bank steht im Hardtwald an der Friedrichstaler Allee, ca. 6 km vom Schloss entfernt

Fliegender Weihnachtsmann

78

Christkindlesmarkt am Friedrichsplatz

„Der fliegende Weihnachtsmann" könnte der Titel eines Märchens sein, das Kinderohren glücklich macht. Aber sind es ausschließlich die Kinder, die der fliegende Weihnachtsmann, den der Karlsruher Christkindlesmarkt zu bieten hat, beglückt? Sind es nicht die Erwachsenen, die feuchte Augen bekommen, wenn sie die Kleinen betrachten, die lauthals den Weihnachtsmann herbeirufen, wie es die Stimme aus dem Himmel verlangt? „Liebe kleine und große Kinder. In einigen Augenblicken wird der Weihnachtsmann auf seiner langen Reise zu den Kindern dieser Welt eine kurze Pause einlegen und von dort oben durch die Luft zu uns kommen." Zu weihnachtlichen Klängen ziehen ihn dann Rentiere im Schlitten durch den Himmel. Dabei sprühen die Kufen Feuer und erhellen den Nachthimmel. Begleitet wird der Besuch von ganz oben von Ahs und Ohs einer raufschauenden Menschenschar. Da stehen sie alle nebeneinander: Geschenkesucher, Glühweintrinker, Omas und Opas, Mamas und Papas und dazwischen die Kinder. Etwas ruhiger wird es, wenn der Weihnachtsmann direkt über dem Christkindlesmarkt verharrt und den Kindern eine Weihnachtsgeschichte erzählt. Das ist der Moment, in dem die Erwachsenen sich berühren lassen können vom Staunen der Kinder. Ohne es bewusst zu steuern, begibt sich mancher Erwachsene auf eine Zeitreise, an dessen Ende er sich wieder auf einer Höhe mit den Kleinen befindet. Der Duft nach Weihnachtsgebäck, herzhaften Schlemmerreihen und Glühwein, das Lichtermeer, das der dunklen Jahreszeit ein Schnippchen schlägt, Kinderstimmen und Großelternlachen – all das trägt dazu bei, dass Hektik nur noch ein Begriff ist, dessen Sinn man jetzt nicht mehr begreift.

Und wenn die Kinder später fragen, wie das war mit dem fliegenden Weihnachtsmann, vielleicht inspiriert das nicht nur zum Märchenerzählen, sondern vielleicht auch zum Aufschreiben eines Glücksmoments. Auf dem Christkindlesmarkt gibt es in jedem Fall auch Schreibutensilien zu kaufen.

TIPP

Noch in Märchenstimmung das Kinderland St. Stephan nebenan besuchen.

● Karlsruher Christkindlesmarkt, Friedrichsplatz, 76133 Karlsruhe Innenstadt
www.karlsruher-christkindlesmarkt.de

● ÖPNV: Stadtbahn S1, S2, S5, S11, S51, Straßenbahn 1,
U-Bahn-Haltestelle Marktplatz

Mehrgenerationenglück

79 Wo die Eiszeit wärmt

Man muss nicht für viel Geld auf ein Rolling-Stones-Konzert gehen, um drei bis vier Generationen fröhlich vereint tanzen zu sehen. Näher und günstiger erfährt man das Miteinander bei der Karlsruher Eiszeit, die jährlich ihre Pforten von Ende November bis Ende Januar öffnet. Auf einer der größten Freilufteislaufbahnen Deutschlands kann man hier hinter der einzigartigen Kulisse des Barockschlosses unter freiem Himmel dem Winterblues eine lange Nase machen. Dabei spielt es keine Rolle, ob man geübter Schlittschuhläufer oder Anfänger, ob man jung oder alt ist. Hier kann jeder dem Weihnachtsstress entkommen und durch Bewegung an der frischen Luft Glücksmomente erleben. In den Abendstunden sorgen unzählige Lichterbäume für eine Stimmung, die romantischer kaum sein kann. Es ist unmöglich, sich hier einsam und alleine zu fühlen, zumal auf der über 2000 Quadratmeter großen Fläche 300 bis 400 Menschen gemeinsam das Denkmal von Großherzog Karl Friedrich umkreisen oder den romantischen Rundweg laufen können. Regelmäßig sorgt der Eismeister für frisches Eis und die Eispolizei passt auf. Wer sich trotzdem nicht traut, wer will, aber nicht kann, schaut unbefangenen und angstlosen Kindern zu. Sie wagen alles, nehmen Oma und Opa an der Hand und nach jedem Sturz stehen sie wieder auf und lächeln. Da wird einem trotz Kälte warm – ganz ohne Glühwein. Den gibt es natürlich an einer der umstehenden Buden zu kaufen. Das große gastronomische Angebot entspricht der Jahreszeit. Ein Highlight sind die vielfältigen Programmpunkte rund um die Eiszeit. So können sich mehrere Gruppen nebeneinander im Eisstockschießen versuchen, außerdem gibt es regelmäßig Eislaufkurse und -wettbewerbe. Eigene Schuhe sind nicht erforderlich, die kann man leihen. Auch die Öffnungszeiten sind sehr großzügig, für Schulklassen zum Beispiel schon am frühen Morgen.Und wenn man nach Hause geht, hat man vielleicht einen Song der Rolling Stones im Ohr, der jetzt in etwa so lauten könnte: I know, it's only Rock 'n' Fall but I like it.

TIPP

Hier eine Weihnachtsfeier ausrichten und durch Eisstockschießturniere aufpeppen.

- Stadtwerke Eiszeit, Schlossplatz 12, 76131 Karlsruhe Innenstadt
- ÖPNV: Stadtbahn S1, S2, S5, S11, S51, Straßenbahn 1, U-Bahn-Haltestelle Marktplatz

Alltag davongleiten?

Das Glück ist ein Kick

80

Karlsruher Bolzplätze

Vom Bambini zum Spieler in der deutschen Nationalmannschaft. Manch einer will hoch hinaus. Karlsruhe zählt 80 Bolzplätze und hat das Hochhinaus wörtlich genommen: Ein Platz befindet sich auf einem Supermarktdach. Da schnuppert man im wahrsten Sinne des Wortes Höhenluft.

Längst ist Kicken kein reiner Jungssport mehr. Schaut man den verschiedenen Jugenden beim Spiel zu, können lange Haare beides bedeuten: Hier tritt ein Mädchen den Ball, hier stürmt ein Junge am Gegenspieler vorbei. Selbst Haarbänder tragen inzwischen beide Geschlechter, so machen es die Fußballprofis auch. Die eine oder andere Profikarriere begann tatsächlich in Karlsruhe. Ein herausragendes Beispiel ist Lars Stindl, der seit Jahren bei Borussia Mönchengladbach kickt und schon in die Nationalmannschaft reinschnupperte. „Für mich waren der Wildpark und das Otto-Hahn-Gymnasium Glücksorte in Karlsruhe", sagt der Fußballprofi, der – um es in Fußballersprache zu sagen – auf dem Rasen geblieben ist. Den bespielte er schon als Jugendlicher im Gymnasium in der Waldstadt. Das Otto-Hahn-Gymnasium ist zugleich eine Eliteschule des Sports, Schüler können Körper und Geist somit gleichermaßen trainieren. Und wer hätte das nicht gerne auf dem Stundenplan: erste und zweite Stunde Fußball beim KSC-Trainer. Dass man dafür nachmittags die Deutsch- oder Mathestunde nachholen muss, erscheint halb so wild mit einem großen Ziel vor Augen. Tatsächlich haben oft Menschen ihr Ziel erreicht, wenn sie es schon früh kannten und angegangen sind. Wer Fußballprofi werden will, der kann dieses Ziel in Karlsruhe täglich angehen. Draußen und drinnen. Im Verein trainieren oder glücklich werden beim ganz ordinären Straßenfußball. Fußball holt die Kinder von der Glotze weg und ist ein Teamsport. Das Karlsruher Otto-Hahn-Gymnasium ist ein Beweis dafür, dass beides geht: was in der Birne haben und einen guten Schuss. Es reicht eben nicht, gut zu kicken, man muss sich ja im Anschluss im Interview anständig artikulieren können.

TIPP

Auf allen 80 Bolzplätze malprobieren, dann ist man schon mal gut trainiert.

● Bolzplätze, Karlsruhe, ka.stadtwiki.net/Bolzplatz

Jeep

Bibliografische Informationen der Deutschen Nationalbibliothek
Die Deutsche Nationalbibliothek verzeichnet diese Publikation in der Deutschen Nationalbibliografie; detaillierte bibliografische Daten sind im Internet über http://dnb.d-nb.de abrufbar.

3. Auflage 2023
Konzeption/Satz: Droste Verlag, Düsseldorf
Einbandgestaltung und Illustrationen: Britta Rungwerth, Düsseldorf, unter Verwendung von Bildern von © Fotolia.com: jd - photodesign.de; © iStock: Plociennik Robert
Fotos: Klaus Eppele

MIX
Papier aus verantwortungsvollen Quellen
FSC® C011279

Druck und Bindung: LUC GmbH, Greven
ISBN 978-3-7700-2480-3

www.droste-verlag.de